「老《ふ》け首《くび》」解消！

気になる 首のシワ・たるみはこうして改善する

Fukutsuji Toshiki
福辻鋭記

PHP

はじめに

年齢を重ねるにつれて目立ちはじめる首の「シワ」と「たるみ」……。女性なら誰でも気になりますよね。顔のスキンケアは若い頃から念入りに行なってきた方でも、首の皮膚のお手入れは、意外と「ほったらかし」のことが多いのでは？「私はまだまだ大丈夫」と思っていたら、あるとき鏡に映る自分の首に、哀れな「たてジワ」「よこジワ」を見つけてびっくり！　そんな方も少なくないでしょう。

もちろん、首のシワは急にできるわけではありません。年齢を重ねるごとに少しずつ刻まれていきます。しかし、毎日鏡を見ていてもなかなか気づかないことがよくあります。

特に首のたてジワは、しゃべっていたり、ものを食べていたりして口を動かしたときに、より鮮明に現れます。

ですから、自分の首のたてジワより、友人や同僚の首のたてジワを先に見つけ、あわてて自分も確認してみたら「やっぱりあった！」と言って、私の治療院へ相談に来られる方が結構いらっしゃいます。

首のシワは、さまざまな要因で生じますが、その根本にあるのは皮膚の老化です。赤ちゃんの肌は、触れると「プルンッ！」と弾けるくらいみずみずしいハリがあって、シワができる余地はまったくありません。

ところが、年齢を重ねるにつれて、皮膚は少しずつ緩んで薄くなっていきます。特に40歳を過ぎた頃から、皮膚の老化は急速に加速します。

試しに腕の皮膚をつまんでみてください。皮膚がビロ〜ンと薄く伸びてくるようであれば、首のシワもかなり深刻なはずです。

それでも大丈夫。そんな方にこそ、この本を読んでいただきたいのです。

年齢を重ねるにつれてシワができるのは、自然な生理現象ですから、誰しも避けられません。首のシワも同様です。

しかし、たとえば同窓会などに出かけたとき、「彼女は同い年なのに、どうして首のシワが少ないの？」と驚いた経験はないでしょうか？

そうです。同じように年齢を重ねていても、方法によって首のシワやたるみは予防・改善できるということです。


首のきれいな人には、その背景に必ず理由があります。

ある著名な芸人さんが、若いときに師匠から「芸人は人前に出る仕事だから、年齢の出やすい首の手入れを忘れるなよ」と言われ、毎日欠かさず首のマッサージをしていたら、50歳を過ぎても「年齢のわりに首がきれいだとよく言われる」と話しているのを聞いたことがあります。人知れず努力を続けてきたわけですね。たしかにその芸人さんの首はとてもきれいで、実年齢より10歳は若く見えました。


一般によく「首を見ると年齢がわかる」と言われます。たいていの場合、悪い意味で使われますが、逆に考えると、首を若々しく保っていれば、実年齢より若く見られるということです。

ただし、首はデリケートな部位なので、むやみに自己流でマッサージをすると、逆効果になる場合があります。特に40代以降の方は皮膚が衰えはじめているため、首の皮膚に負担のないケアを行なうことが大切です。

PART2で紹介するストレッチやエクササイズは、どれも40代、50代から安心して始めていただくことができます。もちろん60歳を過ぎてからでも、充分に間に合います。年齢は関係ありません。すべてのものを一度に行なう必要はありません。取り組みやすいもの、気に入ったもの、気持ちのいいものを、毎日少しずつ続けることが大切です。とにかく今日から始めてみましょう！

本書をきっかけに、一人でも多くの方が「もう年《とし》だから仕方がない……」ではなく、「よ〜し、今日からやってみようか！」と一念発起していただき、首のシワ・たるみの悩みから解放されることで、実り多き豊かな人生を送り続けていただくことを、心から願っています。

アスカ鍼灸治療院院長　福辻鋭記《ふくつじとしき》

「老《ふ》け首《くび》」解消！ 気になる首のシワ・たるみはこうして改善する　目次

PART 2

首の「シワ」と「たるみ」を予防・改善する方法

PART 3

首の「シワ」「たるみ」を予防・改善する毎日の習慣

PART 1

首の「シワ」「たるみ」はこうしてできる！

加齢とともに皮膚のハリと潤いが失われる

✦コラーゲンの減少が皮膚の老化を促します

首の「シワ」と「たるみ」は、皮膚の老化によって生じます。皮膚は大きく分けて、表面を覆っている「表皮」と、その内側の「真皮」の2つの層でできています。このうち、皮膚の老化に深く関係しているのが、真皮です。

真皮の大部分は、線維状のたんぱく質である「コラーゲン」と、そのコラーゲン同士を結びつける働きを持つ「エラスチン」というたんぱく質で構成されています。コラーゲンとエラスチンがベッドのスプリングのように網目状に分布し、肌にハリを生み出しています。ところが、年齢を重ねるにつれ、コラーゲンとエラスチンの網目が変性をきたし、壊れたベッドのように皮膚が薄くなって弾力が低下します。

一方、コラーゲンとエラスチン線維の間には、「ヒアルロン酸」と呼ばれる成分と水分が存在し、肌のみずみずしさを保っていますが、加齢によりヒアルロン酸や水分

皮膚と加齢

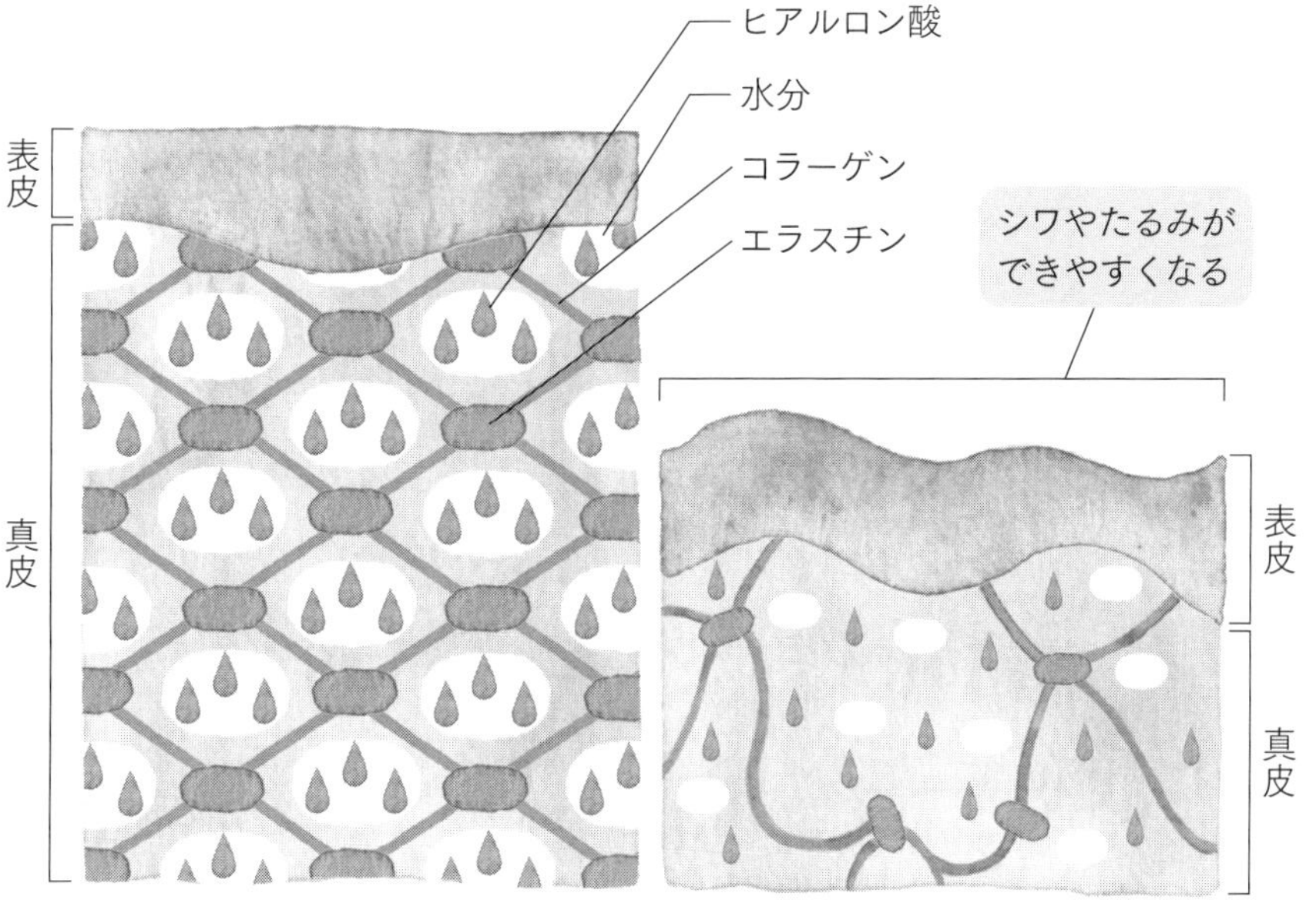

も減少してしまいます。50代では、ヒアルロン酸の量が20歳の頃の約半分になるとも言われています。

さらに、真皮の老化は表皮にも影響します。表皮は通常、真皮から栄養素を受け取ってターンオーバー（新陳代謝）を繰り返し、きめ細かなすべすべの肌を維持していますが、真皮が老化すると表皮の新陳代謝も衰え、肌はカサつきはじめます。

こうした変化により、皮膚はゴム風船の空気が抜けるようにしぼんで薄くなって、本来のハリと潤いが失われ、シワやたるみができやすくなるのです。

首の「よこジワ」は姿勢や生活習慣が大きな原因に

✦日常的にうつむいた姿勢で過ごすことが多い方は要注意です

「首のシワ」とひと口に言っても、「よこジワ」と「たてジワ」があります。このうち、よこジワについては、若い頃から気になっている方も多いことでしょう。

実はよこジワは、姿勢や生活習慣に関係しているため、年齢に関係なく生じます。特に四六時中、下方を向いてスマートフォン（スマホ）やタブレット、パソコンの画面を見ているような方は要注意です。背中を丸め、うつむいた姿勢を続けていると、首の前面の皮膚が蛇腹のようにたるみます。

短時間であればすぐにたるみは消えますが、日常的にそのような姿勢を続けていると、首周辺の血液やリンパ液の流れが悪くなって皮膚の老化が加速し、次第にくっきりとして消えにくいよこジワが刻まれてしまうことになるのです。

気になる「よこジワ」

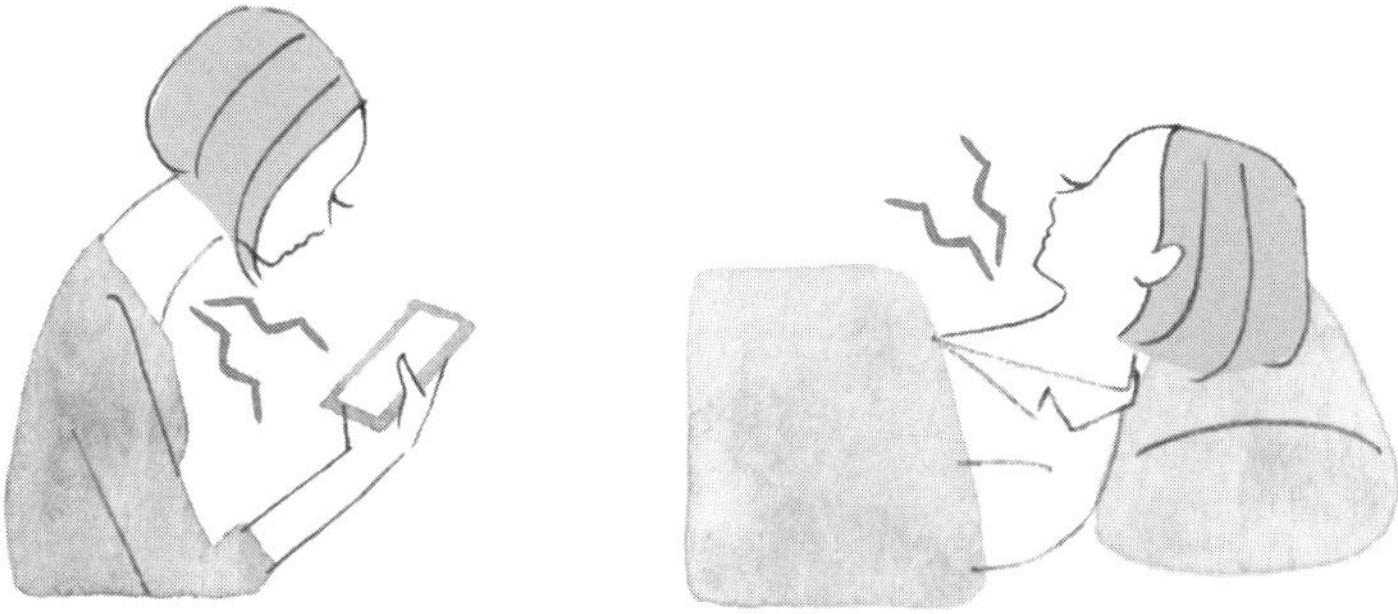

前かがみの姿勢や合わない枕が
原因になることも……。

✦自分の姿勢を一度チェックしてみましょう

日常的に前かがみの姿勢で過ごしている人は、ストレートネック（スマホ首）になっている可能性も考えられます。

ストレートネックというのは、本来ゆるやかにカーブしているべき首の骨が、前傾の状態でまっすぐになってしまう症状です（19ページ参照）。首のよこジワやたるみだけでなく、肩や首のこり、痛み、しびれなども起こりやすくなります。

試しに、壁に背中をつけて立ってみてください。後頭部と背中、おしり、かかとがピッタリとくっついているのが理想的な姿勢です（19ページ参照）。

職業柄、いつもこのような姿勢を意識しているモデルさんや女優さんは、首やデコルテ（首から胸元にかけての部分）がとてもきれいです。

逆に、後頭部やおしりが壁につかないようであれば、ストレートネックが疑われます。おそらく、首のよこジワやたるみも見られるのではないでしょうか。

実際に、私の治療院に首や肩のこりを訴えて来られる女性の多くは、同時に首のシワ・たるみにも悩んでおられます。

正しい姿勢をチェックしましょう

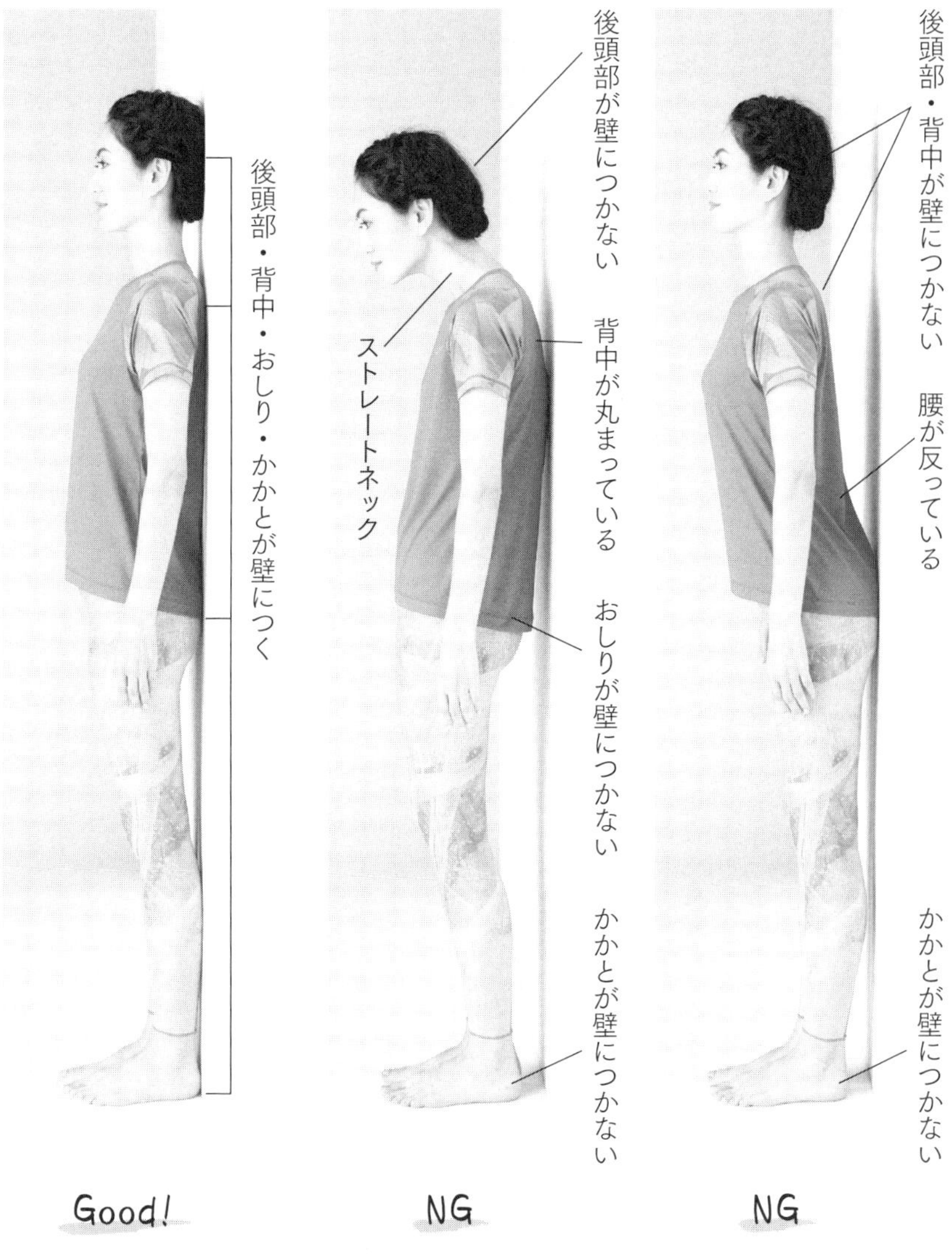

✦「寝ながらスマホ」もよこジワの原因となります

毎日寝床で使っている枕も、首のよこジワを生じさせる要因のひとつになると考えられます。

たとえば、高すぎる枕で仰向けに寝ていると、うつむいて立っているときと同じようにあごを引いた姿勢となり、首の前の皮膚が蛇腹状態にたるみます。

横向きで寝ている場合でも、枕の高さや形が自分の首に合っていなかったり、布団の中で何時間もスマホやタブレットを使っていたりすると、やはり首に負担が生じ、10代でもよこジワが刻まれてしまう可能性があります。

若い人でもそうなのですから、皮膚の老化が進んでいる40代以上の方が同じようなことをしていると、取り返しがつかない状態になりかねません。

スマホやタブレットだけではなく、仕事などでパソコンを使っている人も、自分が思っている以上に前かがみの姿勢で多くの時間を過ごしています。19ページを参考に、自分の姿勢をチェックしてみましょう。

首の「たてジワ」と「筋肉の衰え」

✦首は疲労が溜まりやすく筋肉が衰えやすい

首のたてジワは、加齢による皮膚の老化が主な要因で生じます。皮膚の老化のしくみは冒頭でお話ししましたが、そこに「筋肉の衰え」が加わると、たてジワがよりできやすくなります。

首は、寝ているとき以外はずっと重い頭部を支えています。人の頭部の重さは約5キログラムもあり、前傾姿勢で下を向くと20キログラム近い負荷が首にかかると言われています。

首に限らず、負荷の大きい部位は、疲労が溜まってシワができやすくなります。たとえば顔も、口もとや目もとなど、よく動かすところにシワが寄りやすいのはそのためです。つまり、首の筋肉は、体の中でも加齢による衰えが早い部位と言えます。

✦首の筋肉は鍛えにくい部位でもあります

首は絶えず動いている部位なのに、どうして筋肉が衰えやすいの？――そんなふうに思う方も多いことでしょう。たしかに胸や太ももの筋肉のような大きくて太い筋肉は、絶えず動かすことで鍛えられ、発達していきます。

これに対して首は、顔の表情筋と同じで、大きな筋肉がガツンと太くついているわけではなく、複数の細かい筋肉が入り混じって分布しています。

そのため、よく動かす部位であっても、一つひとつの筋肉が極めて細かいことから、筋肉を増強しにくいのが特徴です。こうしたことも、首にシワができやすいことのひとつの要因となっています。

さらに、首の筋肉は鍛えにくいところでもあります。首には頸動脈《けいどうみゃく》や呼吸中枢が通っていて、強く圧迫すると血流や呼吸に影響が出てしまうからです。格闘技の選手たちでも、首のトレーニングには特に気を遣いながら行なっていると聞きます。

安心・安全な方法で首のストレッチやエクササイズを行なって首の筋肉を活性化することが、首のシワやたるみの予防にもつながります。

気になる「たてジワ」

太陽光などの紫外線や汗が
原因になることも……。

✦たてジワは「胸鎖乳突筋」と「広頸筋」がカギを握っています

首のたてジワと深く関係する筋肉として、まず「胸鎖乳突筋《きょうさにゅうとつきん》」が挙げられます。胸鎖乳突筋は、左右の耳のうしろから胸骨・鎖骨まで伸びている筋肉で、横を向いたり首を曲げたりするときに働く筋肉ですが、この筋肉が衰えてたるんでくると、たてジワやたるみが生じてきます。

さらに、胸鎖乳突筋よりもはっきりと首のたてジワに関係している筋肉が、「広頸《こうけい》筋《きん》」です。広頸筋は、あごの下から胸の辺りまでに分布している筋肉で、おしゃべりをするときなどに口角を横に動かすと、それに連動して動きます。試しに口を「イーッ」と横に開いてみてください。40代以上の人なら、多少の差はあれ、首にたてジワが現れるはずです。

皮膚の厚みとハリが保たれている10代の女性であれば、広頸筋の存在に気づくことは、ほとんどないかもしれません。しかし、年齢を重ねて皮膚が薄くなってくると、おしゃべりをして口角を横に動かすたび、首に何本ものたてジワが出現している可能性があることを知っておいてください。

加齢とともに血液とリンパ液の流れが悪くなる

✦皮膚に充分な栄養素が届きにくくなります

皮膚が老化して首にシワやたるみが生じる背景には、血液とリンパ液の流れが悪くなることも、深く関係しています。

皮膚の真皮には、血管とリンパ管が張り巡らされていて、血管は栄養素と酸素を運び、リンパ管は真皮中の余分な水分や老廃物を回収する役割を担っています。

真皮の構造が本来の弾力を保ち、その真皮を土壌として表皮が活発な新陳代謝を繰り返すうえで、血液とリンパ液の循環は不可欠です。

ところが、加齢に伴ってそれらの機能が徐々に低下します。血管やリンパ管の構造が変性し、真皮に充分な酸素や栄養素が行き届かなくなるとともに、不要な水分や老廃物が溜まり、皮膚の老化を促してしまいます。

✦首に皮下脂肪が多いほど、シワやたるみができやすくなります

さらに、真皮のリンパ管の働きが低下すると、むくみが生じてきます。実はこのむくみは、真皮の下（内側）にある皮下脂肪を蓄積し、皮膚のたるみの原因になることが確認されています。

一般的には、やせている人と、ふっくらしている人では、ふっくらしている人のほうが、シワが少ないイメージがあると思います。

たしかに、ふっくらしている人は皮下脂肪が多いため、老化で皮膚が薄くなっても、皮下脂肪が中から皮膚を押し上げ、シワができにくいような気がします。

顔の場合は、それが当てはまる可能性はあります。顔の皮膚には靭帯《じんたい》があり、表皮と骨をしっかりつないでいるからです。しかし、首の皮膚には靭帯がないため、加齢などで真皮のコラーゲンやエラスチンが変性したり、ヒアルロン酸が減少したりすると、皮下脂肪を支えられなくなって皮膚が下垂し、首にシワやたるみが生じると言われています。つまり、首の場合は皮下脂肪が多ければ多いほど、シワやたるみが生じやすくなると考えられるのです。

女性の首は乾燥しやすい

✦皮脂の分泌量の低下が肌の乾燥を助長します

年齢を重ねると、皮脂の分泌量も減少しはじめます。これも、皮膚の老化を促す要因となります。

皮脂は、皮膚の毛穴から絶えず分泌され、外部から異物が侵入するのを防ぐ「バリア」として働くほか、皮膚の水分が蒸発するのを抑える役割も果たしています。

若い頃は肌のテカリやベタつき、にきびや化粧くずれ、毛穴の黒ずみなどの原因として、何かと厄介者扱いされる皮脂ですが、加齢とともにその分泌量が減ると、今度は肌がカサついて、シワができやすくなるのです。

皮脂の産生《さんせい》には男性ホルモンが関わっていますので、もともと女性は男性にくらべて皮脂の分泌量が少ないうえ、年齢を重ねるとその分泌がさらに弱まり、肌の潤いが失われやすいのです。

✦更年期の首の汗が「小ジワ」の要因となります

首の乾燥を防ぐには、汗をかいたあとのスキンケアをしっかり行なうことも、とても大切です。

首は汗をかきやすい部位で、特に更年期世代の女性は、ほてりとともに、急に頭や首のうしろの辺りに汗がにじんでくる、あるいは汗が噴き出てくるという症状に悩んでいる方も少なくないと思います。

汗が出ると皮膚は濡《ぬ》れますから、一見、肌の乾燥とは無縁のように思えます。しかし実は、汗はどんどん蒸発しますので、むしろ皮膚は乾燥しやすくなります。

皮膚の乾燥が原因で生じるのは、ちりめん状や線状のシワ。いわゆる「小ジワ」と呼ばれるものです。すみやかにケアすれば消えやすくなりますが、放っておくと、小ジワ同士がつながって大きなシワとなり、深く刻まれてしまいます。

顔に関しては、汗をかいたあとのケアをしっかり行なっている方でも、首のケアは意外と軽視しがちです。皮脂を分泌する「皮脂腺」は、顔より首のほうが少ないとも言われていますから、首のケアをしっかり意識して行なうようにしましょう。

紫外線が皮膚の「光老化」を一気に進める

✦コラーゲンが傷害されて皮膚のハリが失われます

太陽からの紫外線が皮膚の老化を促すことは、すでにご存じの方も多いことでしょう。

紫外線は、皮膚の表面（表皮）にダメージを与えてシミをつくり出すほか、真皮の層にまで入り込み、皮膚のハリを生み出している「コラーゲン」を傷害します。

このとき、コラーゲンを直接攻撃するのは「活性酸素」です。活性酸素というのは、不安定な構造をした攻撃性の高い酸素で、紫外線などによって体内に発生すると、体のあらゆる組織を傷害します。

皮膚では、真皮のコラーゲンが活性酸素の格好の標的となり、皮膚本来の弾力に富んだ構造を破壊してしまいます。その結果として、皮膚の老化が一気に進んでしまうのです。「光老化《ひかりろうか》」と呼ばれる現象です。

✦「光老化」は乳幼児のときから始まっています

若い人であれば、紫外線の影響でコラーゲンやエラスチンなどのたんぱく質が変性しても、すぐに新しいものが合成されて入れ替わり、皮膚は常に新鮮に維持されます。肌本来のハリとみずみずしさが回復してリフレッシュされるので、紫外線の弊害を実感することはないでしょう。しかし実は、紫外線による光老化は乳幼児のときから始まっていて、長年かけて表面に現れてくるとも言われています。「若いから大丈夫」と考え、紫外線対策を怠っていると、後悔することになります。

いずれにしても、40歳を過ぎてからの紫外線による皮膚のダメージは、回復がさらに難しくなります。年齢を重ねるにつれて、新しいたんぱく質の合成能力が次第に衰え、変性してしまったたんぱく質がいつまでも残ることで肌のハリが失われ、シワやたるみができやすくなるからです。

とはいえ、太陽光を浴びることは、心身の健康を保つうえで欠かせないものでもあり、紫外線を完全に遮断して生活することも不可能です。紫外線対策を上手に行なうことが、首のシワやたるみを防ぐための大切なポイントとなります。

首のシワは全身の老化が進んでいるサイン

✦東洋医学では「腎」の衰えを示す兆候です

加齢とともに、首にシワが増えやすくなることは、どうしても避けられないのが事実です。同年代の人とくらべて、首のシワが明らかに多かったり、シワが急速に増えたりした場合は、他の人にくらべて、老化が加速していると考えられます。さらに言えば、首だけでなく、全身の老化が進んでいるサインとも言えます。

これは東洋医学（中国の伝統医学）の側面から見ると、五臓六腑《ごぞうろっぷ》（84ページ参照）のうちの「腎《じん》」の働きが低下していることを意味します。

東洋医学では、五臓六腑の中でも腎の働きは〝要《かなめ》〟とされており、その働きは生まれたあとどんどん高まって、20歳前後をピークに低下しはじめます。この曲線が、そのままその人の「生命曲線」であるとも考えられています。

つまり、腎臓の働きが活発なときは生命力が充実しているのに対し、腎臓の働きが低下すると全身の老化が進んで、場合によっては命を脅かす事態に陥りかねないということです。

首にシワやたるみが多かったり、急速に増えたりすることは、腎の働きの低下を示すひとつの兆候と言えます。

一般的に、首がすっきりとしてきれいな方は、健康的で若々しく、華やかな印象を受けます。これに対して、首がシワシワでたるんでいる方は、メイクやファッションがいかに素敵でも、不健康な感じや老いた印象を拭い切れません。

自分では気づいていなくても、周囲の人たちはあなたの首のシワやたるみを、あなたの想像以上に注目しています。

皮膚の老化を完全に止めることはできませんが、進行のスピードを抑えることは、何歳になっても充分に可能だと、私は考えています。

ストレッチやエクササイズ（ＰＡＲＴ２）、生活習慣の改善（ＰＡＲＴ３）を行なうことで、腎の機能を高め、老化の進行をゆるやかにすると、首のシワやたるみの予防・改善にもつながります。いちばん大切なのは、「少しずつ続けること」です。今日からぜひ、実践してみてください。

PART 2

首の「シワ」と「たるみ」を予防・改善する方法

首ストレッチ❶

首ほぐし

まずは首にやさしく働きかけるウォーミングアップから始めましょう。

1 首のうしろと側面をやさしくたたきましょう。

❶手のひらの小指側の側面で首のうしろと側面をトントンと10～15回たたきます。

❷反対側も同様に、「気持ちいい」と感じる程度に軽くたたきます。

気をつけましょう！

首は神経が集中する大事な部位なので、強い刺激は厳禁です。

2 首を横に倒しましょう。

❷手を替えて、反対側も同様に。

❶頭に置いた手の重さを利用して首を右に倒して
5秒維持。

3 首を大きく回しましょう。

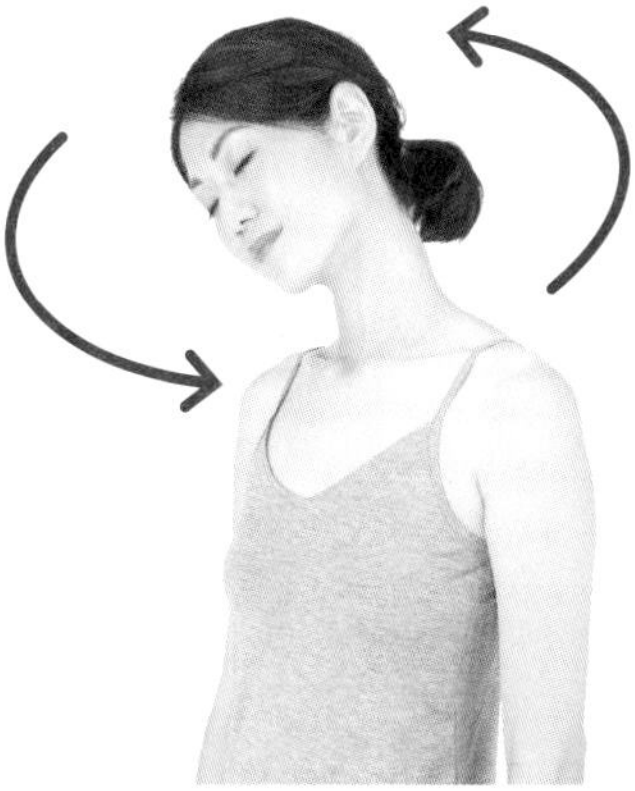

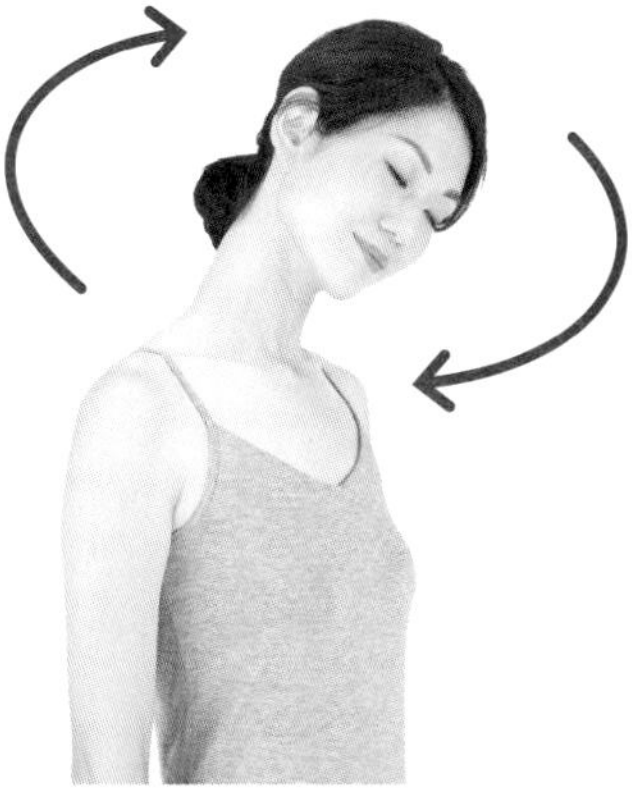

❶5秒ほどかけて首をゆっくり大き
く左に回します。

❷左に3回転したら、次は右にゆっ
くり3回転。

首ストレッチ❷

首ふり

首をさまざまな方向に動かすことで、首の筋肉全体をゆるめていきます。

1 顔を正面から左右に向けましょう。

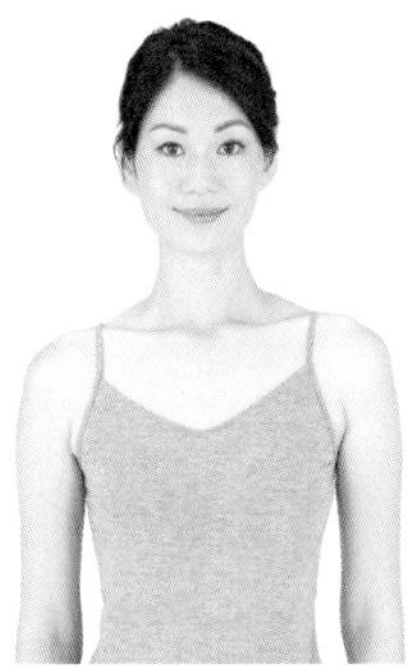

❶正面を向き、背筋を伸ばします。

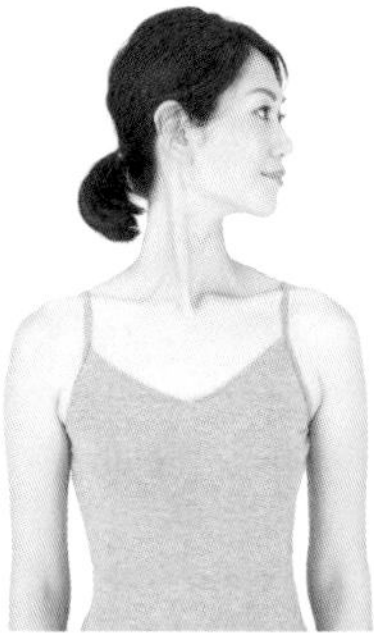

❷姿勢を維持したまま顔を左に向けて5秒維持。

❸正面に戻します。

❹肩を動かさないようにしながら、今度は顔を右に向けて5秒維持。これを5往復します。

2　上を向いて顔を左右に向けましょう。

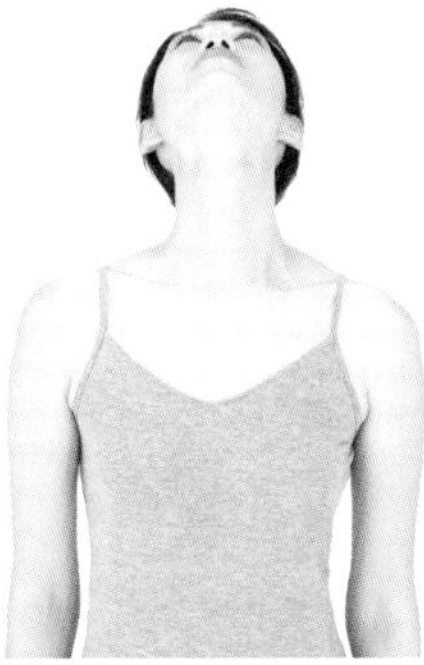

❶首をゆっくりうしろに倒して上を向きます。転倒に注意！

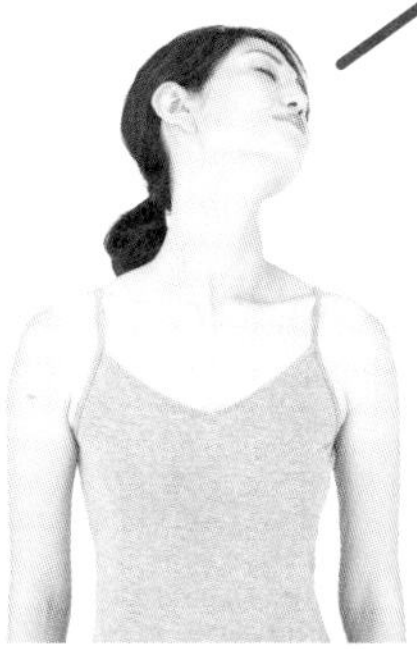

5秒維持

5往復

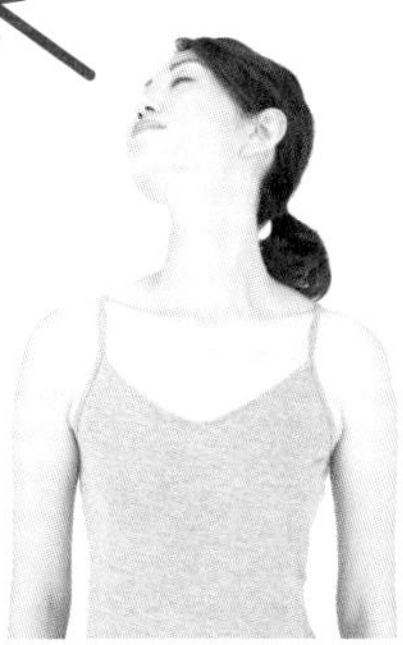

❷首の角度はそのままに、顔を左に向けるようにゆっくり首を回して5秒維持。

❸正面に戻します。

❹首の角度が変わらないように気をつけながら、次にそのまま顔を右に向けて5秒維持。これを5往復します。

気をつけましょう！

首があまり動かなくても大丈夫。できる範囲で、無理をしないように。

首ストレッチ❸

首まわし

タオルの動きに逆らわない「他力」に近い動かし方をすることで、さらに効果が上がります。

1 タオルを首にかけましょう。

❶ハンドタオルを首のうしろに回し、両端を握ります。

2 タオルで顔を左右に誘導しましょう。

❶視線は水平のままタオルを軽くひっぱって顔を左方向に向けます。

❷回し切ったところで3秒維持。

❸正面に戻し、今度は顔が右に向くようにタオルを動かします。

❹回し切ったところで3秒維持。

❺❶〜❹を2往復します。

2往復

気をつけましょう!

**首があまり動かなくても大丈夫。
できる範囲で、無理をしないように。**

首ストレッチ❹

首ひっぱり

これもタオルの動きに逆らわずに行ないましょう。強い力でのひっぱりすぎに注意です！

1 タオルで顔を斜め上にひき上げましょう。

❶背筋を伸ばして立ち、ハンドタオルを首のうしろに回して両端を握ります。

5秒維持

❷タオルがたるまないようにしながら、タオルを斜め上にひき上げて5秒維持。転倒に注意！

2 タオルで顔を左右に誘導しましょう。

3回 繰り返す

❶斜め上の角度を維持したまま、顔が左に向くようにタオルを動かします。転倒に注意！

❷5秒維持したら、正面斜め上向きに戻します。

❸斜め上の角度を維持しながら、今度は顔が右に向くようにタオルを動かします。転倒に注意！

❹5秒維持したら、正面斜め上向きに戻します。

❺❶〜❹を3回繰り返します。

気をつけましょう！

首があまり動かなくても大丈夫。
できる範囲で、無理をしないように。

首ストレッチ❺

首押し

少しだけ負荷をかけるエクササイズで、首の筋力向上を図りましょう。

1 頭と首の境目に中指を置きましょう。

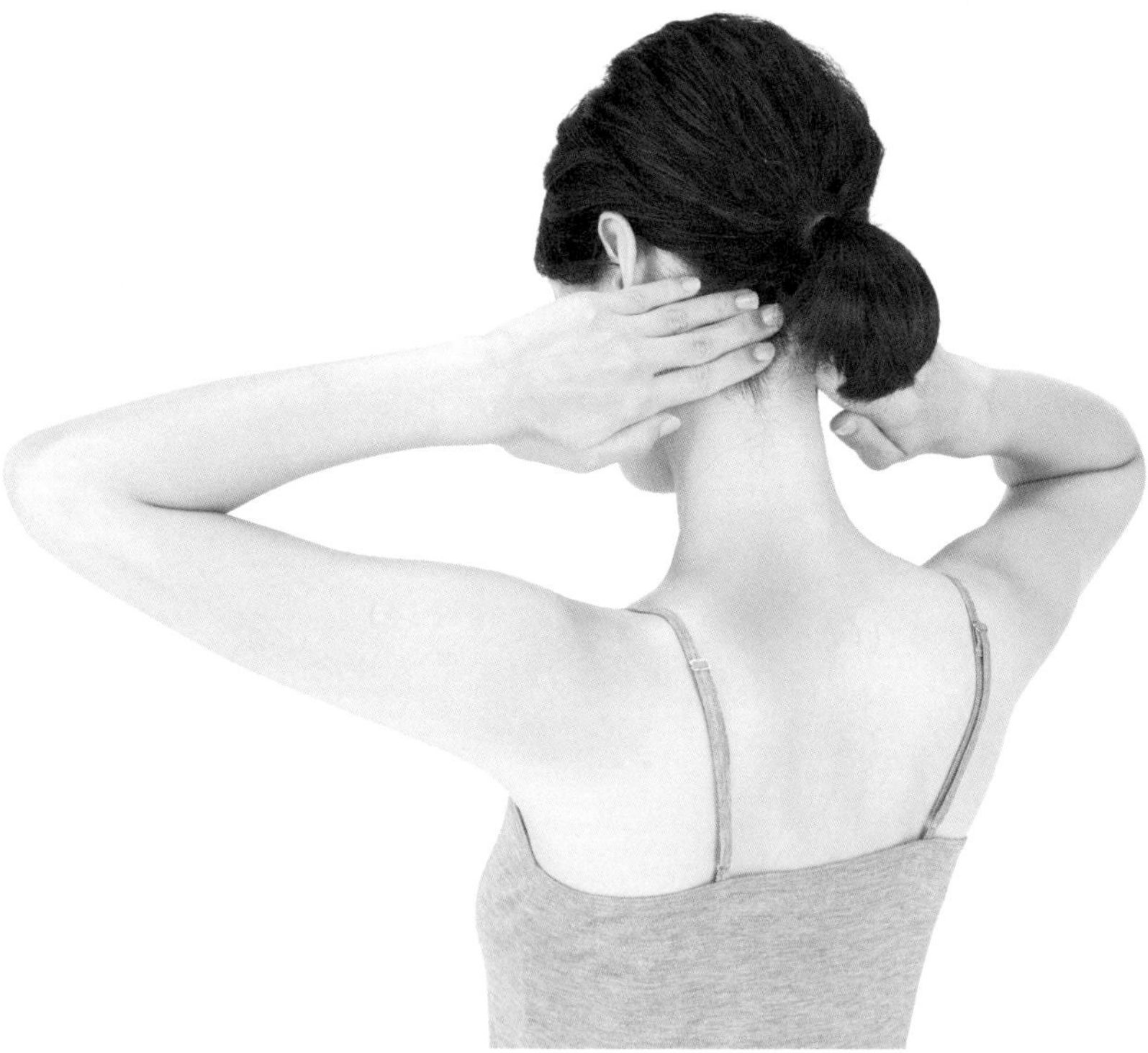

❶首のうしろに両手を回し、首をややうしろに傾けたら、後頭部と首の境目に両中指を置き、頭の重さと指の反発する力を利用して押圧《おうあつ》します。

2　肩まで7等分して押しましょう。

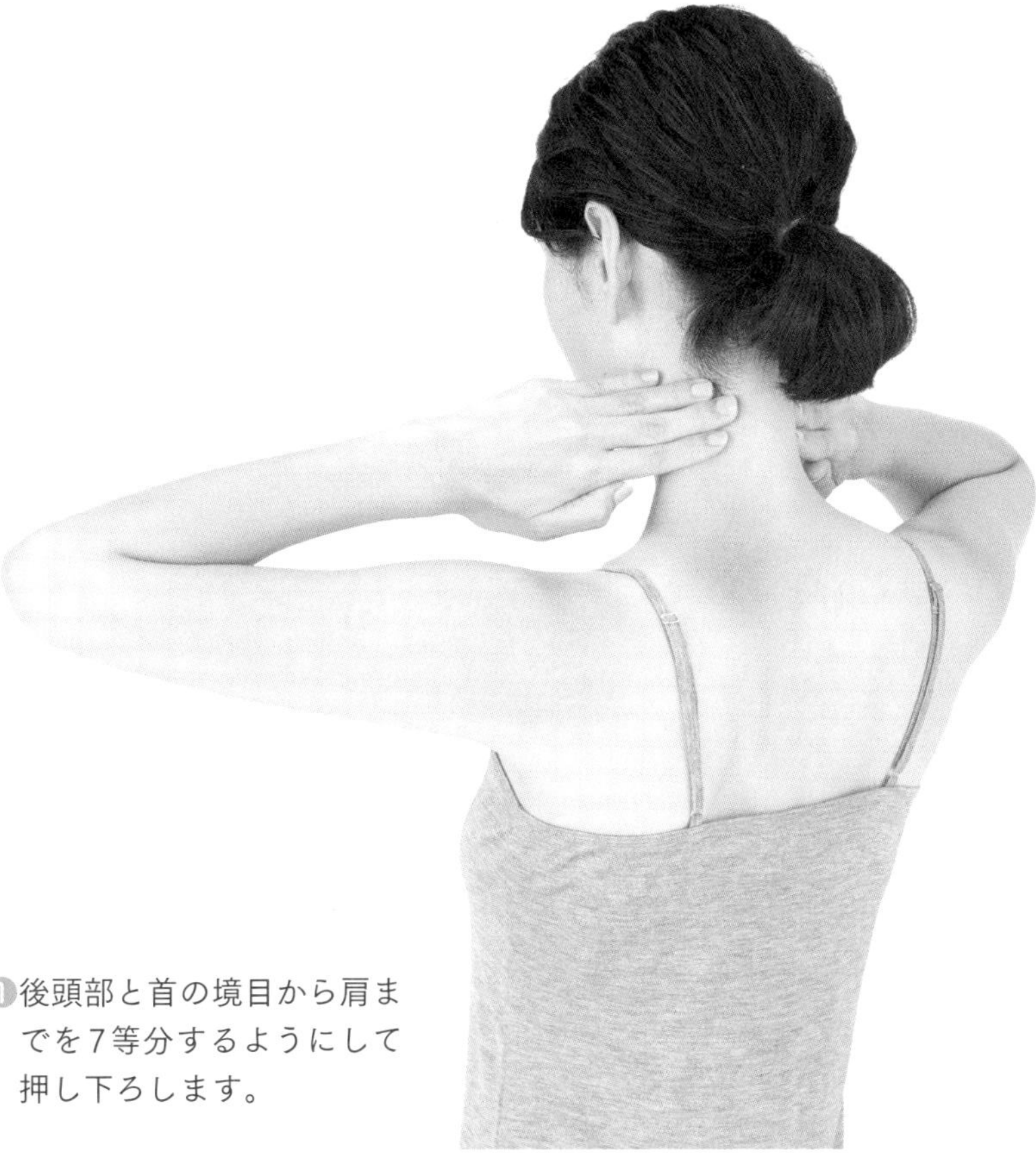

❶後頭部と首の境目から肩までを7等分するようにして押し下ろします。

気をつけましょう！

強く押しすぎないよう、適度な力で行ないましょう。

首ずもう

手で首に少し負荷をかけて、それを押し返すことで首の筋肉を活性化します。

1 頭を前に倒して首に手を当てましょう。

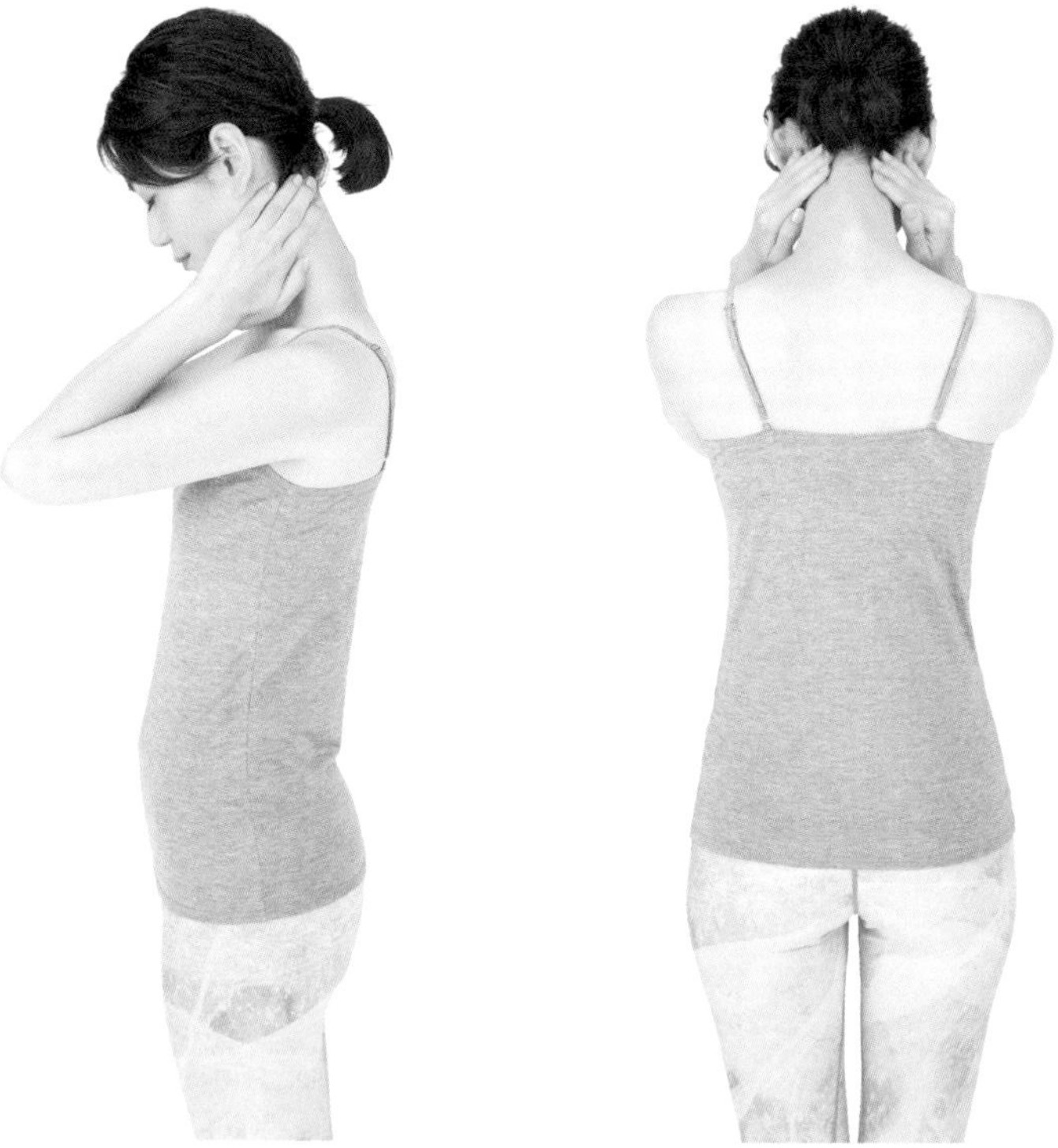

❶頭を前に倒して首に両手を当て、中指を中心に指先を頸椎《けいつい》の左右にあるくぼみに当てます。

2 指の力に反発しながら頭を起こしましょう。

❶指先に適度な力を入れ、その力に反発するように5秒かけて首をゆっくりと起こします。

❷首の状態に合わせ、無理のない範囲で3〜5回繰り返します。

気をつけましょう！

首に痛みがあるときは控えましょう。無理は禁物です。

リンパマッサージ❶

鎖骨・顔

顔から首に点在するリンパを活性化して、たるみやむくみ、シワを解消します。

1 鎖骨を軽く押しましょう。

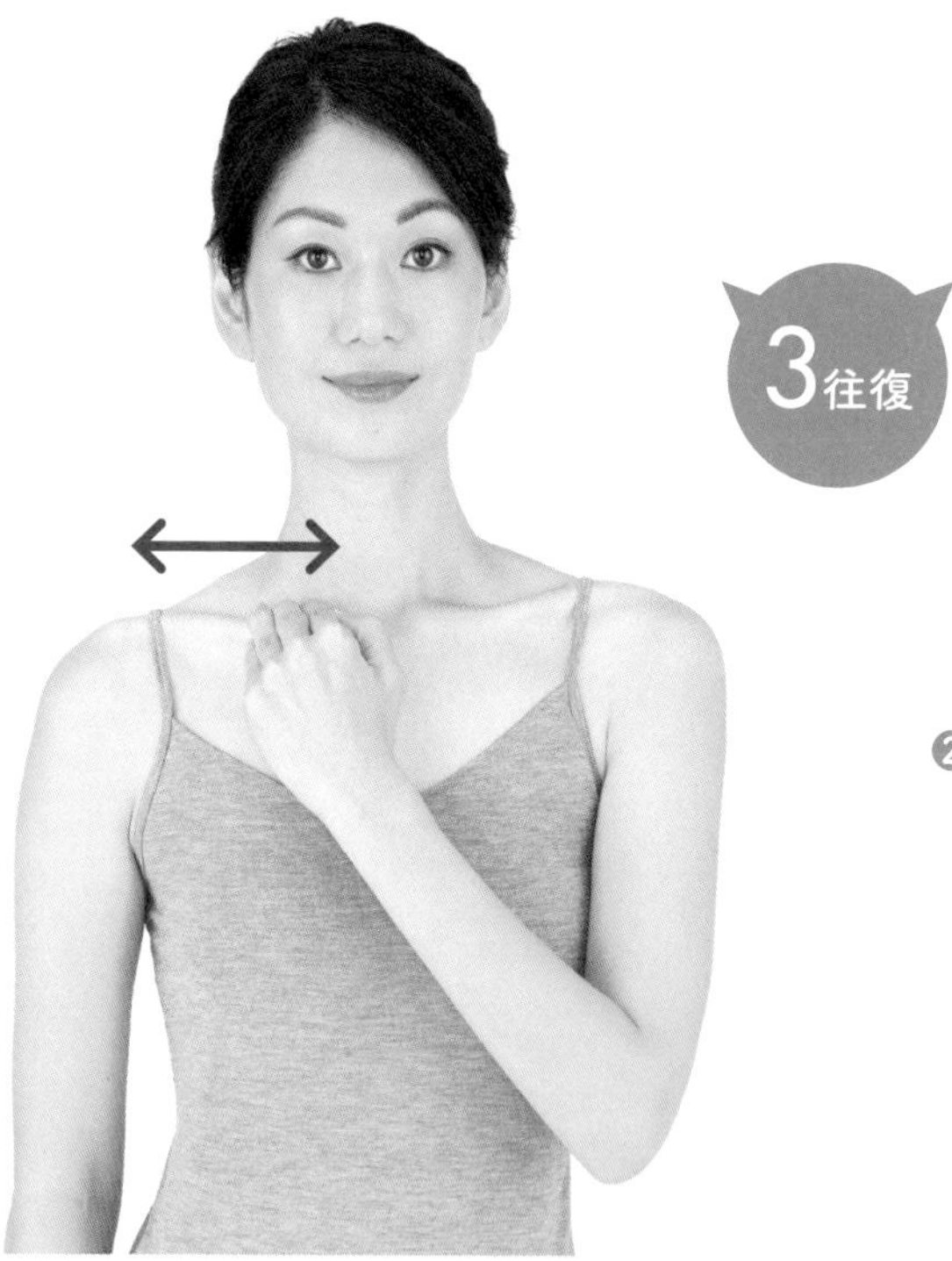

❶左手の中指を中心とした指先を右の鎖骨のくぼみに当て、押しながら横に3回往復する。

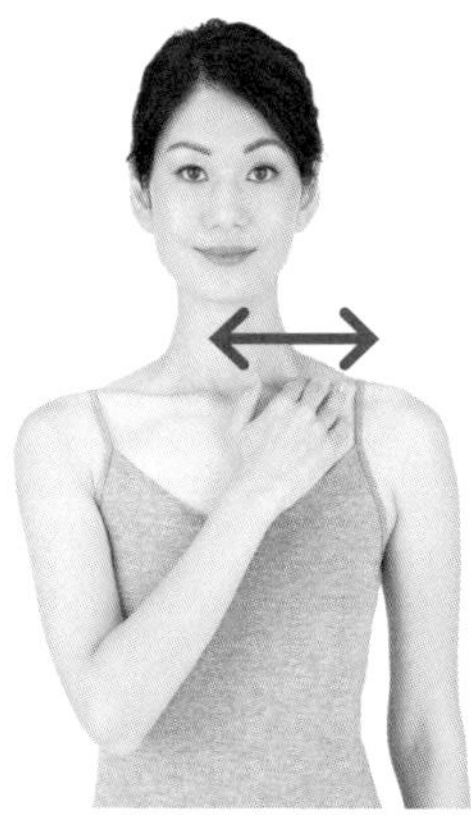

❷反対側も同様に。

2 眉頭から首へ リンパを流しましょう。

❶両手指先の腹を使い、眉頭からこめかみ、耳の前、首筋を通って最後は鎖骨へリンパを流します。10回繰り返します。

気をつけましょう!

リンパマッサージは軽くさする程度で充分。力を入れすぎないようにしましょう。

リンパマッサージ❷

後頭部

後頭部や胸《きょう》鎖《さ》乳《にゅう》突筋《とつきん》といった首のうしろや側面のリンパもしっかり流しましょう。

1 後頭部から鎖骨へリンパを流しましょう。

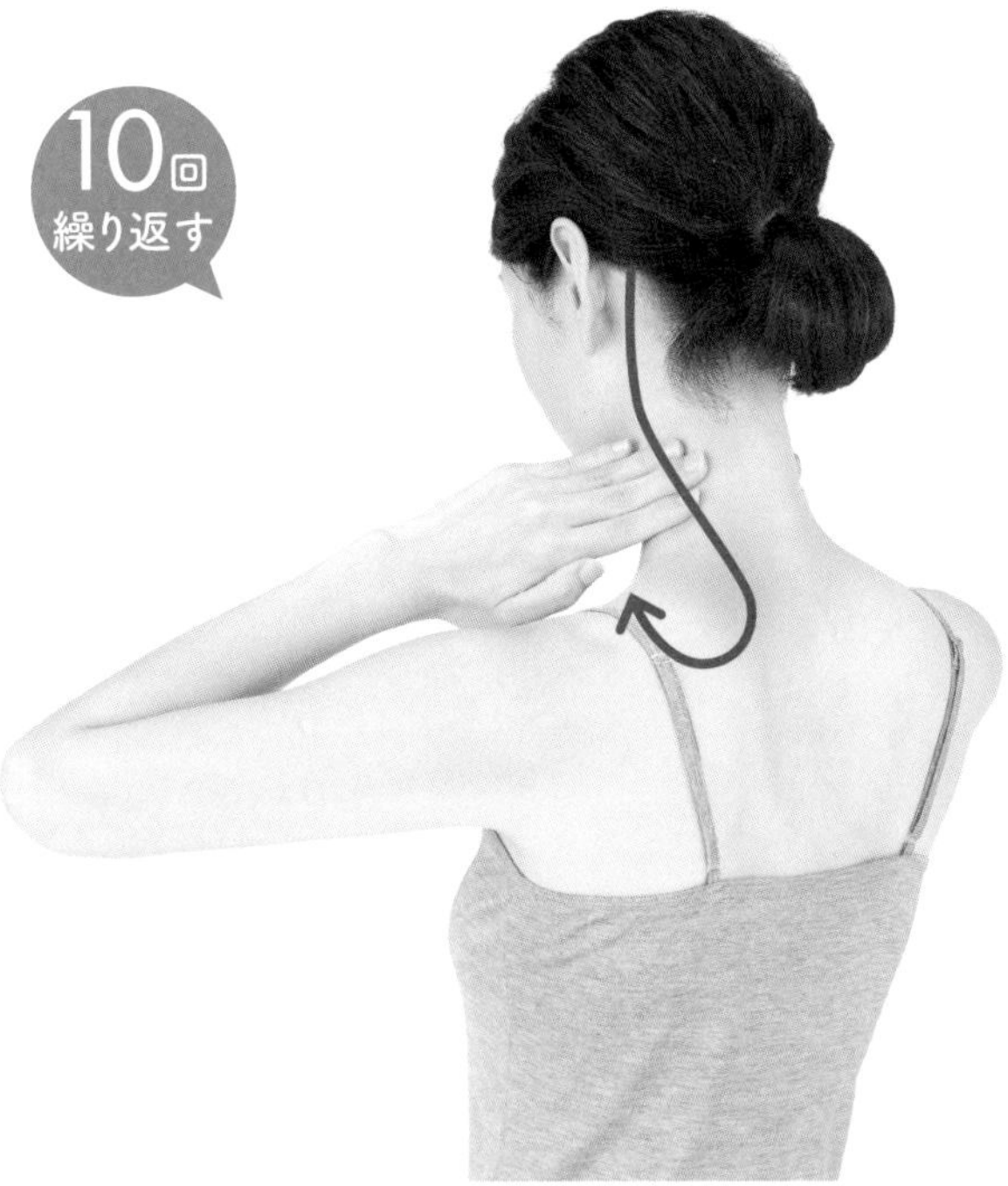

❶両手の中指を中心とした指先の腹で、後頭部から頭髪の生え際、首の側面をさすって、リンパを鎖骨へ流します。10回繰り返します。

2 胸鎖乳突筋を軽くつまんでもみほぐしましょう。

❸反対側も同様に。

❶顔を横に向けたとき、耳の下から鎖骨に向けた首筋に浮き出る胸鎖乳突筋を指でつまみ、上から下に移動しながらもみほぐします。

❷上から下までを3回繰り返します。

気をつけましょう！

リンパマッサージは軽くさすったりつまんだりする程度で充分。力を入れすぎないようにしましょう。

リンパマッサージ❸

デコルテ

デコルテの皮膚を刺激することでリンパの流れを潤滑にし、美肌を取り戻しましょう。

1 手をエラと鎖骨に当てましょう。

❶右手を左のエラに当て、左手は鎖骨の上あたりに置きます。

郵便はがき

料金受取人払郵便

京都中央局
承認

3252

差出有効期間
2022年7月31日
まで

(切手は不要です)

601-8790

205

京都市南区西九条
北ノ内町十一

PHP研究所
家庭教育普及部
お客様アンケート係 行

1060

ご住所 □□□-□□□□ TEL：	
お名前	ご年齢 歳
メールアドレス	＠

今後、PHPから各種ご案内やメルマガ、アンケートのお願いをお送りしてもよろしいでしょうか？ □YES □NO

＜個人情報の取り扱いについて＞
ご記入頂いたアンケートは、商品の企画や各種ご案内に利用し、その目的以外の利用はいたしません。なお、頂いたご意見はパンフレット等に無記名にて掲載させて頂く場合もあります。この件のお問い合わせにつきましては下記までご連絡ください。
（PHP研究所　家庭教育普及部　TEL.075-681-8554　FAX.050-3606-4468）

PHPアンケートカード

PHP の商品をお求めいただきありがとうございます。
あなたの感想をぜひお聞かせください。

お買い上げいただいた本の題名は何ですか。

どこで購入されましたか。

ご購入された理由を教えてください。（複数回答可）

1　テーマ･内容　2　題名　3　作者　4　おすすめされた　5　表紙のデザイン
6　その他（　　　　　　　　　　　　　　　　　　　　　　　）

ご購入いただいていかがでしたか。

1　とてもよかった　2　よかった　3　ふつう　4　よくなかった　5　残念だった

ご感想などをご自由にお書きください。

あなたが今、欲しいと思う本のテーマや題名を教えてください。

2 反対方向にひっぱりましょう。

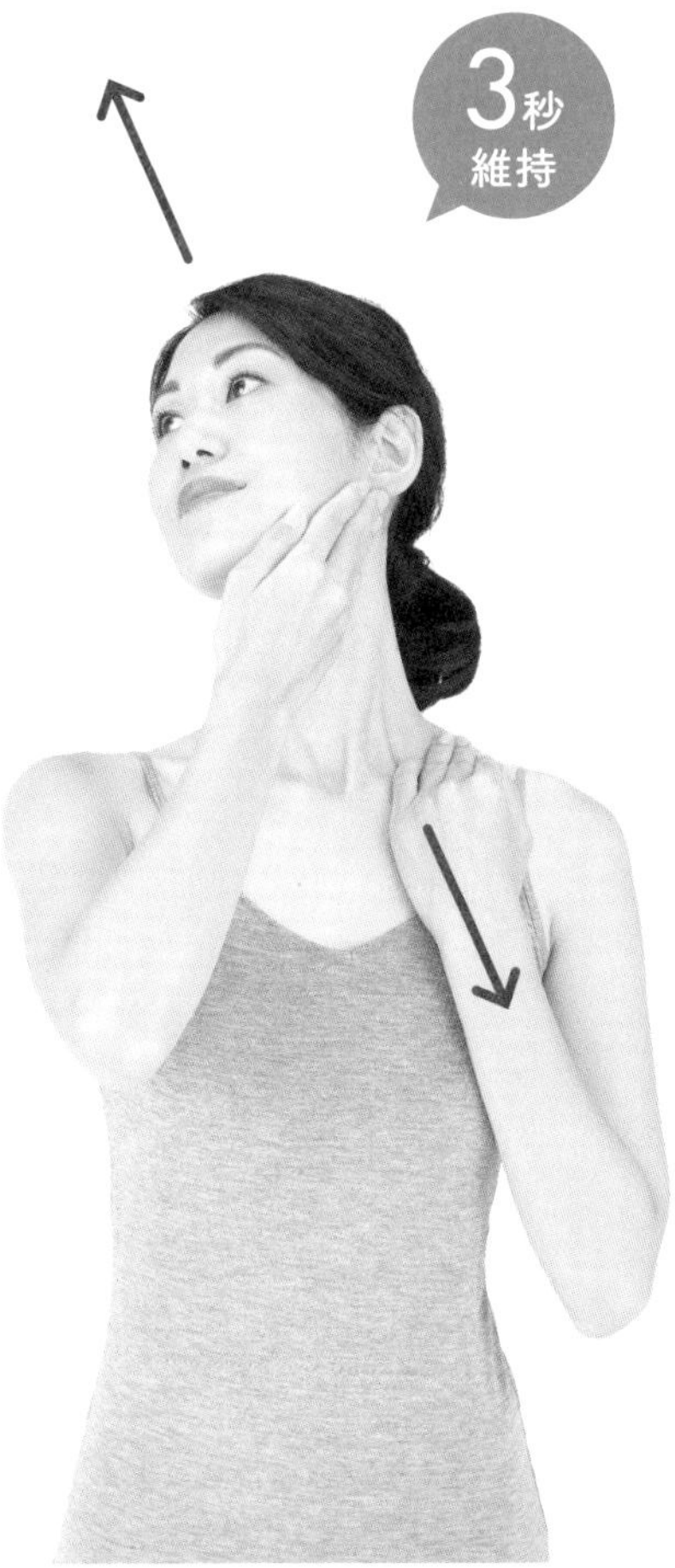

❶右手で顔を斜め上に押し上げ、左手は鎖骨を押し下げるようにして首を上下にひっぱります。

❷「気持ちいい」と感じる程度に軽く伸ばして3秒維持します。

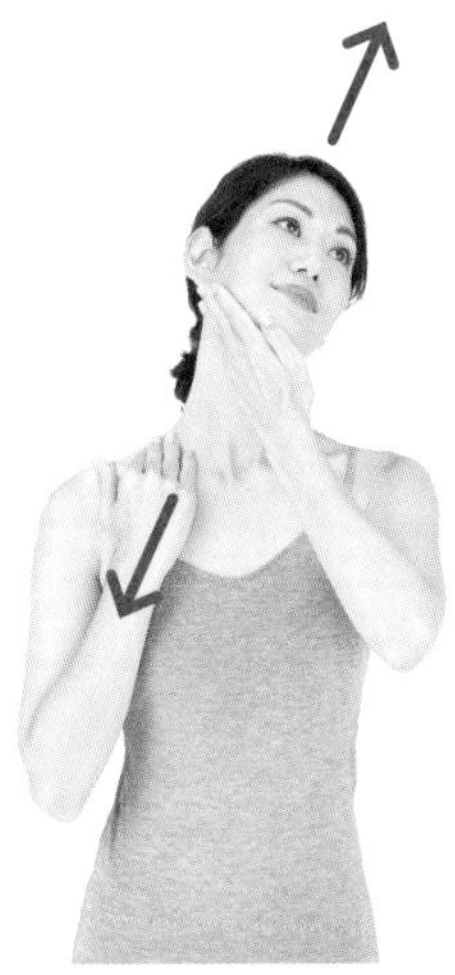

❸手を替えて反対側も同様に。

気をつけましょう!

リンパマッサージは軽くさすったりひっぱったりする程度で充分。力を入れすぎないようにしましょう。

耳もみ

耳ひっぱり

耳への刺激は腎臓の働きを活性化し、むくみ解消やデトックス（排毒）に効果があります。

1 耳たぶをひっぱりましょう。

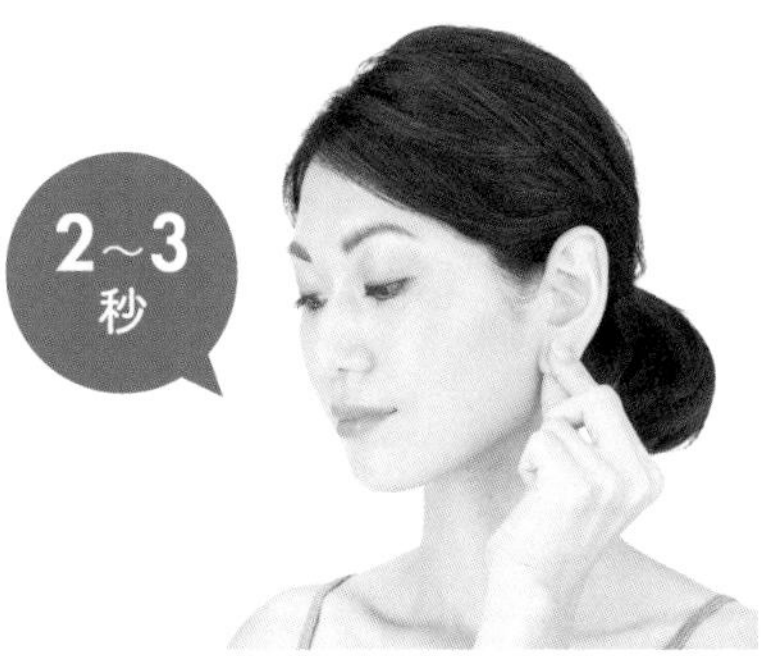

❶人差し指と親指で耳たぶをつまみ、下へ2～3秒やや強めにひっぱったら、ゆるめましょう。

❷反対側も同様に。

2 耳の外側をひっぱりましょう。

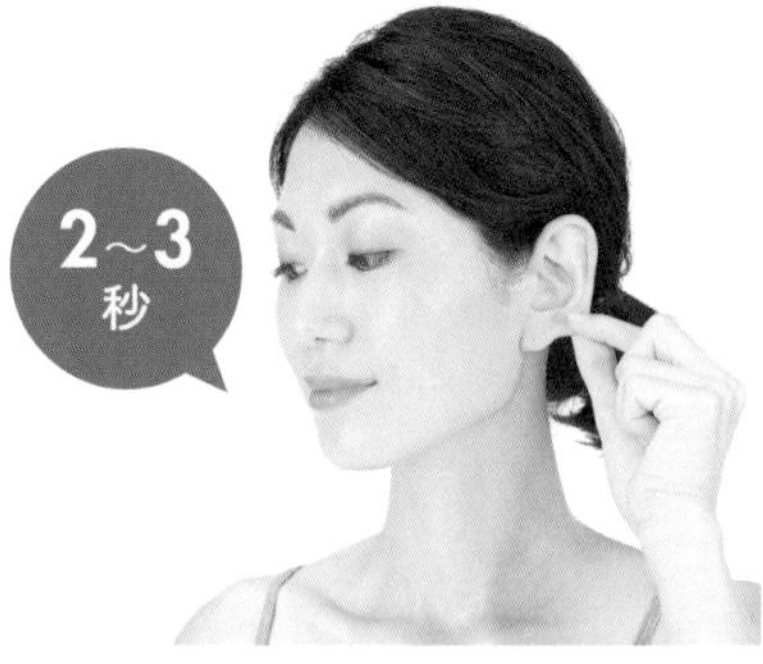

❶人差し指と親指で耳の外側をつまみ、横へ2～3秒やや強めにひっぱったら、ゆるめましょう。

❷反対側も同様に。

3 耳の上側をひっぱりましょう。

2〜3秒

❶人差し指と親指で耳の上側をつまみ、上へ2～3秒やや強めにひっぱったら、ゆるめましょう。

❷反対側も同様に。

4 耳を折り曲げましょう。

2〜3秒

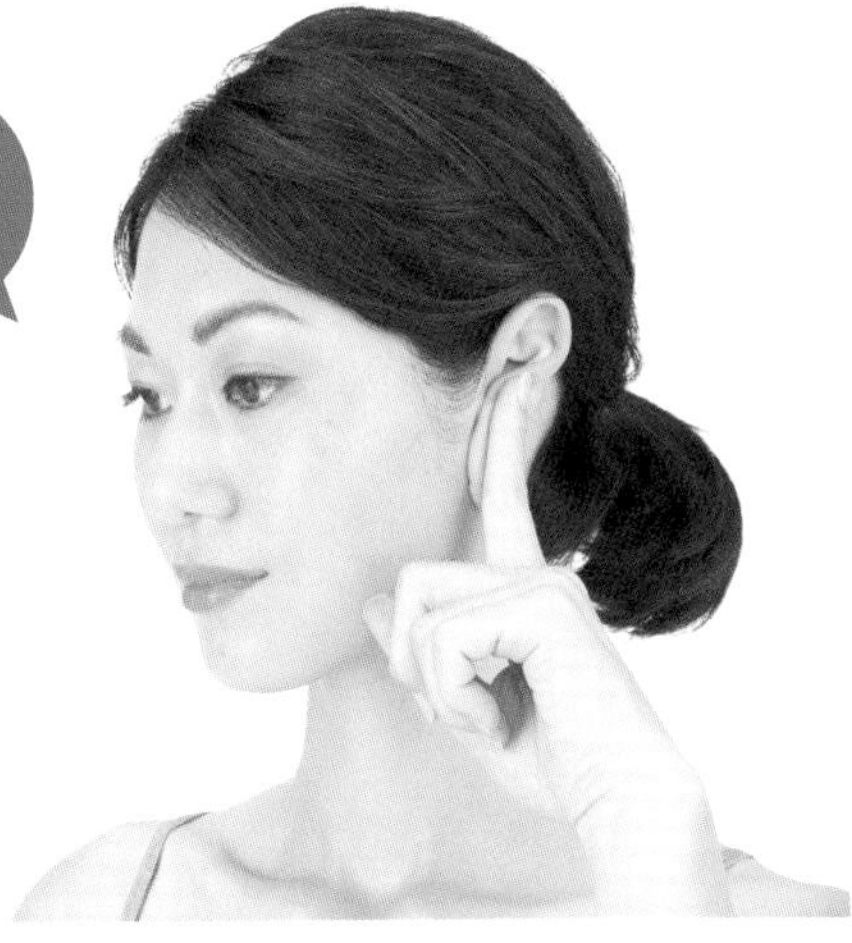

❶人差し指の指先の腹を耳の裏側に当て、前（顔側）に押して耳を2～3秒縦に折り曲げたら、ゆるめましょう。

❷反対側も同様に。

タオル枕整体❶

首のばし

ストレートネックの原因となる筋肉のハリや頸椎《けいつい》圧迫を、リラックスしながら解消しましょう。

1 タオル枕をつくりましょう。

厚みが足りないときはバスタオルを2枚重ねてください。

❶バスタオルを半分の幅に折ります。

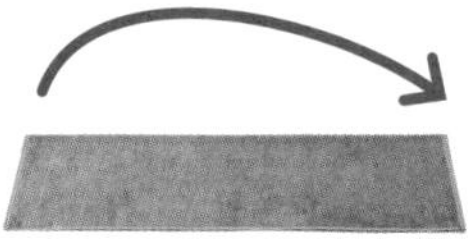

❷半分の長さに折ります。

❸端からクルクルと巻きます。

❹完成

2 タオルに首を預けてリラックスしましょう。

2〜3分

❶仰向けに寝てタオル枕を首のうしろに当てます。

❷全身を脱力してそのまま2〜3分リラックスします。

3 首の横を伸ばしましょう。

3回 繰り返す

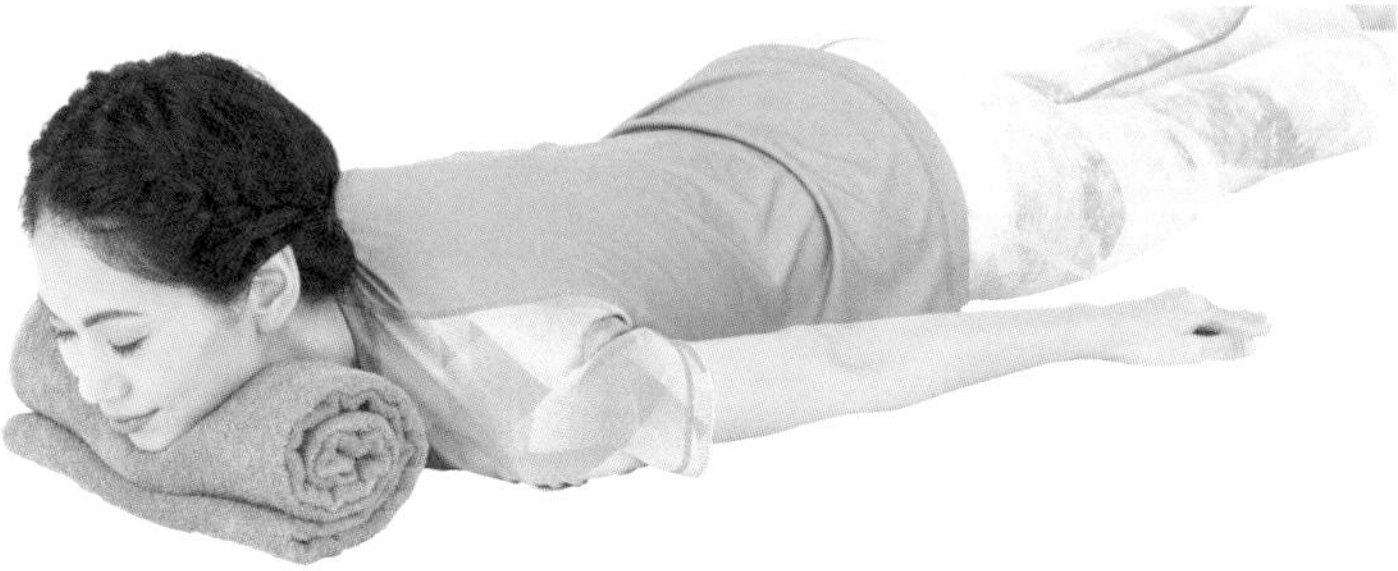

❶うつぶせになってタオル枕にあごを乗せます。下半身の力を抜きます。

❷顔をゆっくり左に向け、そのまま3秒維持します。

❸元に戻して今度は顔を右に向けて3秒維持。これを3回繰り返します。

タオル枕整体❷

体ひねり

今度は顔や首はそのままに、体をひねることで首の皮膚と筋肉に刺激を与えましょう。

1 仰向けに寝て姿勢を整えましょう。

❶仰向けに寝てタオル枕を首のうしろに当て、背筋を伸ばして体勢を整えます。

2 体を左右に倒しましょう。 1分

❶頭と首は残したまま、体をゆっくりと右に向けて倒します。

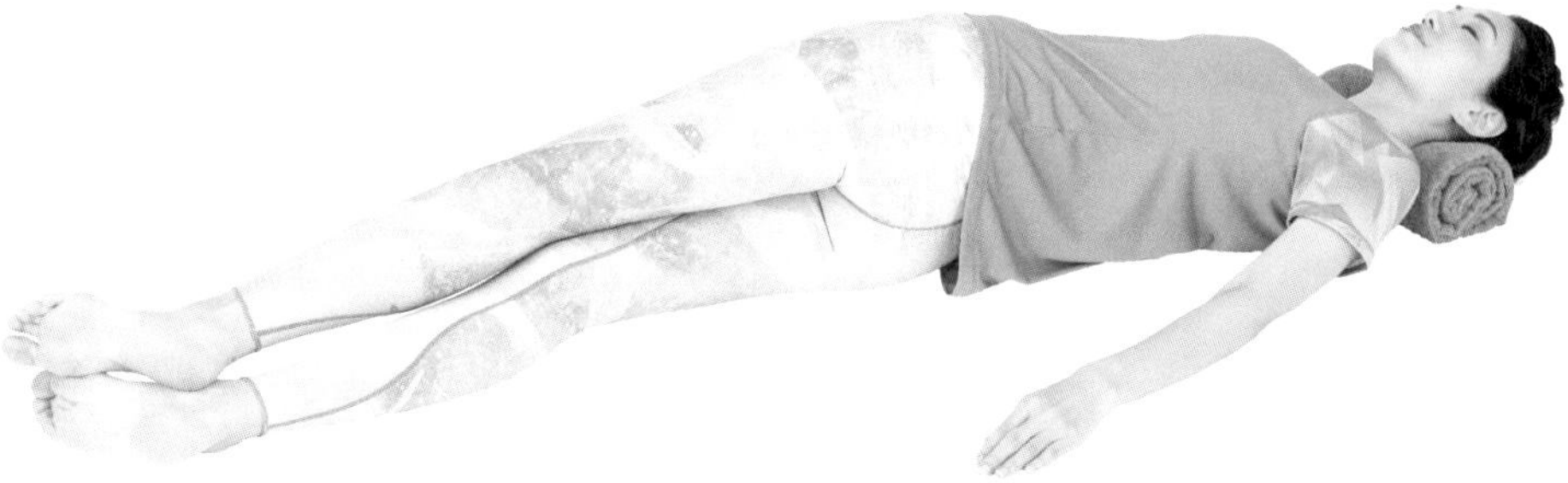

❷次に体をゆっくりと左に向けて倒します。右、左と連続して1分行ないます。

かんたんストレッチ❶

ほおづえ

首の皮膚と筋肉の活性化とともにフェースラインのたるみも解消しましょう。

1 うつぶせになって体勢を整えましょう。

❶うつぶせになって両手のひらにあごを乗せ、両肘を床につきます。

2 両手のひらで首の前面を伸ばしましょう。

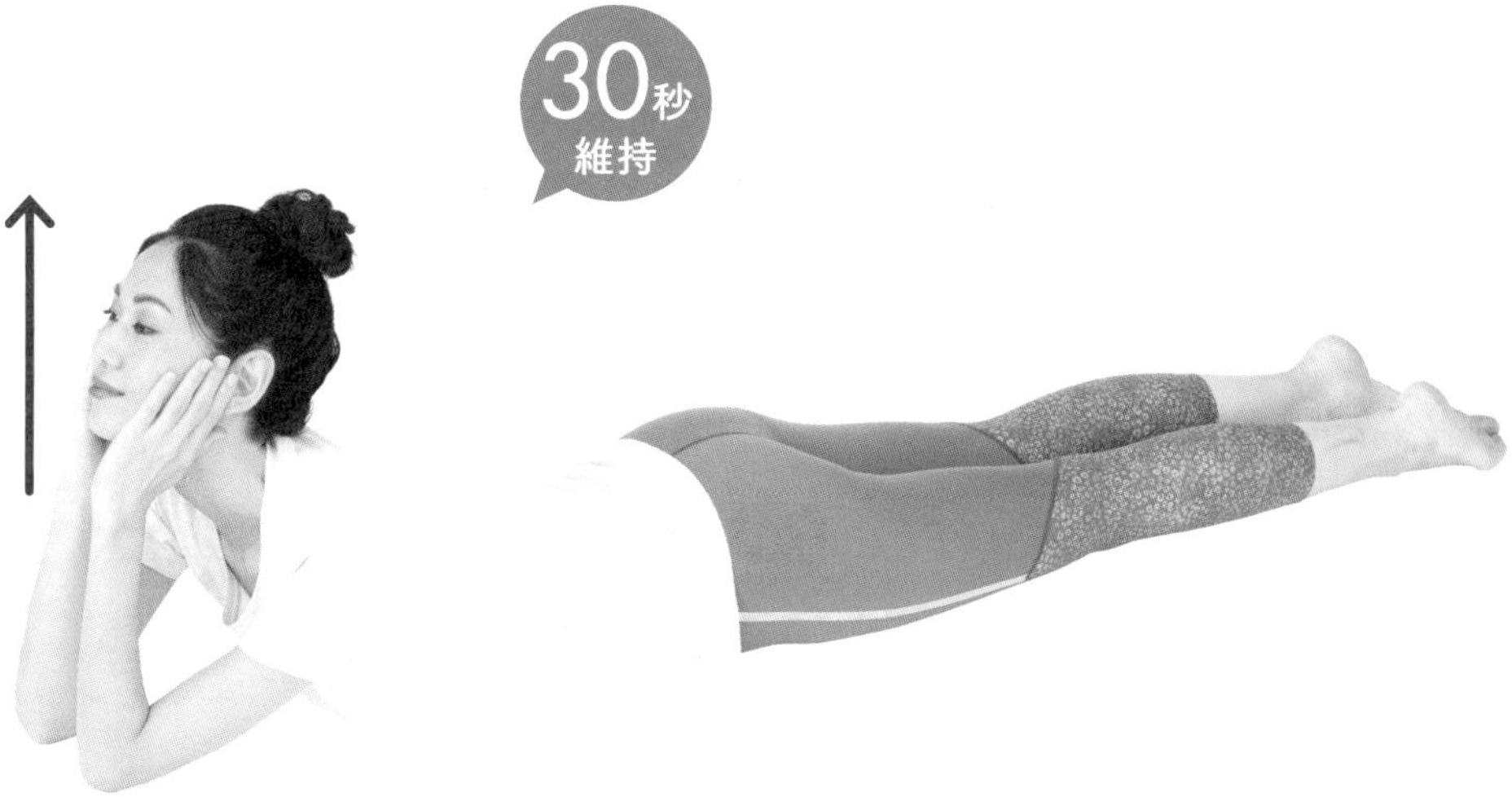

❶肘を閉じ、両手のひらであごを上に押し上げ、首の前面を伸ばします。30秒維持。

気をつけましょう！

首に痛みがあるときは控えましょう。無理は禁物です。

かんたんストレッチ❷

あご

咀嚼《そしやく》の減少などで衰えがちなあごの筋肉を鍛えると、小顔効果も期待できます。

1 あごを上げて背筋を伸ばしましょう。

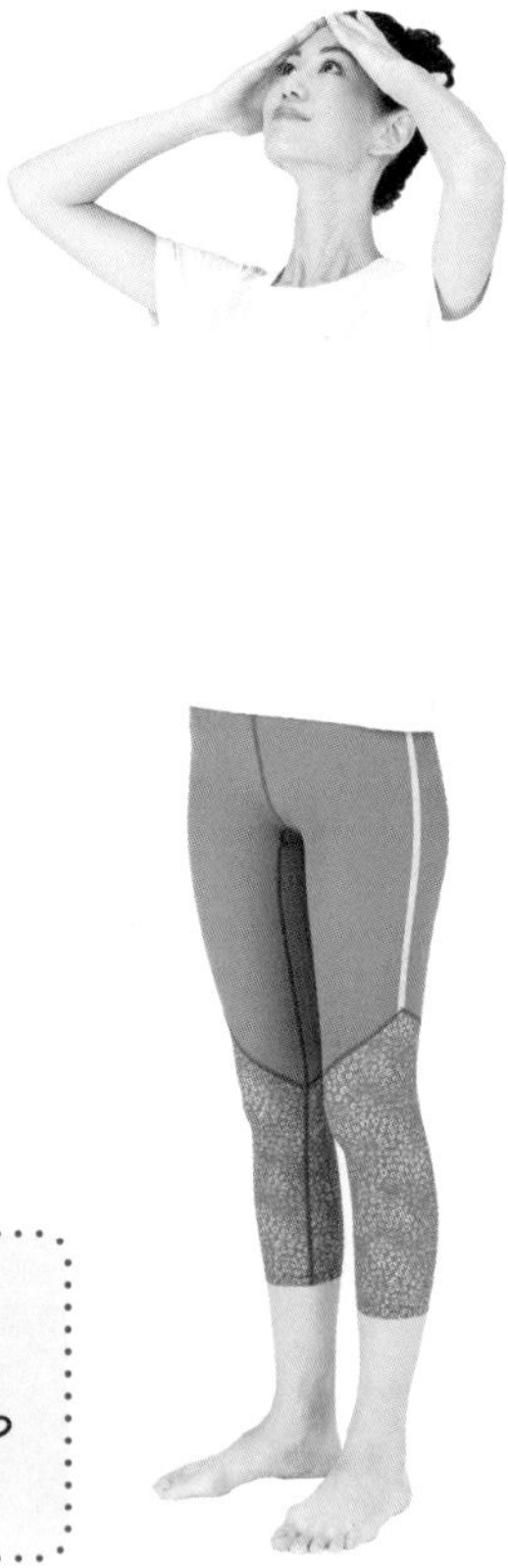

❶両手で額を押し上げ、あごを上に向けて背筋を伸ばします。転倒に注意！

気をつけましょう！

不安定なときはイスに座って行なってください。

2 あごに力を入れて下を向きましょう。

両手で額をしっ
かり押さえる。
あごに力を
入れる。

❶両手の力に抵抗するように下を向き、あごに力を入れてさらに下を向きます。10秒維持。

かんたんストレッチ❸

耳から鎖骨

顔から首の血流が一気に良くなり、酸素と栄養素が行き渡るので、首の潤いが保てます。

1 あごから首筋、鎖骨をさすりましょう。

❶右耳たぶの下に左手を添えて、指先に少し力を込めます。

❷あごの下から首筋、鎖骨へと指先を這わせてさすります。これを５回繰り返します。

2 反対側もさすりましょう。

❶反対側も同様に。右手の指先で左耳たぶの下から鎖骨に向かってさすります。これを５回繰り返します。

気をつけましょう！

不安定なときはイスに座って行なってください。

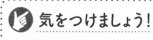

かんたんストレッチ④

手首・足首

手首と足首の疲労は肩から肩甲骨、そして首へと伝わるので、手首と足首のケアも大切です。

1 手首をケアしましょう。

❶両手を組んで手首を左回しに10秒、右回しに10秒行ないます。これを2回繰り返します。

❷手のひらを合わせ、右手で左手を押し倒し、ギュッと力を込めて10秒維持。反対側も同様に。

2 足首をケアしましょう。

❶床に座り、右の太ももの上に左足を乗せ、右手で足先をつかんでグルグルと10秒回します。反対側も同様に。

3 両手両足をケアしましょう。

❶仰向けになってタオル枕（54ページ参照）を首に当てながら、両手両足を上げてブラブラと振ります。30秒続けます。

かんたんストレッチ⑤

フラミンゴ

骨盤と股関節を正すことで下半身のむくみが解消し、首にも良い影響を及ぼします。

1 右足を上げましょう。

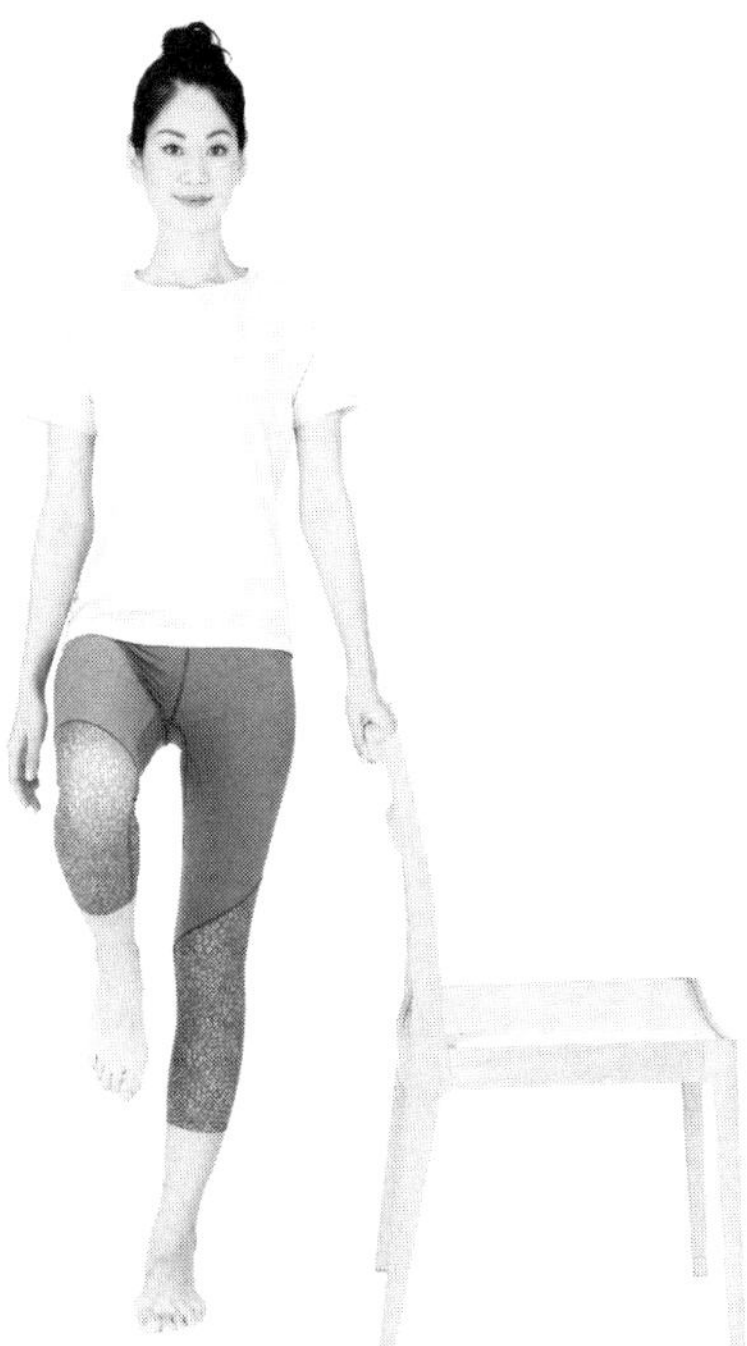

❶壁やイスなどに手を添え、背筋をまっすぐに伸ばして右足を上げ、左足で立ちます。

❷右足のかかとを左足の内ももにつけて、そのまま5秒維持します。

2 左足を上げましょう。

❶左も同様に。壁やイスなどに手を添え、背筋をまっすぐに伸ばして左足を上げ、右足で立ちます。

❷左足のかかとを右足の内ももにつけて、そのまま5秒維持します。

かんたんストレッチ❻

バタフライ

肩甲骨まわりと背筋を活性化して肺機能を向上させれば、首の皮膚と筋肉も活性化します。

1 両腕を高く上げましょう。

❶両足を肩幅程度に開いて立ち、両腕を大きく上げます。**転倒に注意！**

2 両腕を勢いよく振り下ろしましょう。

15秒
続ける

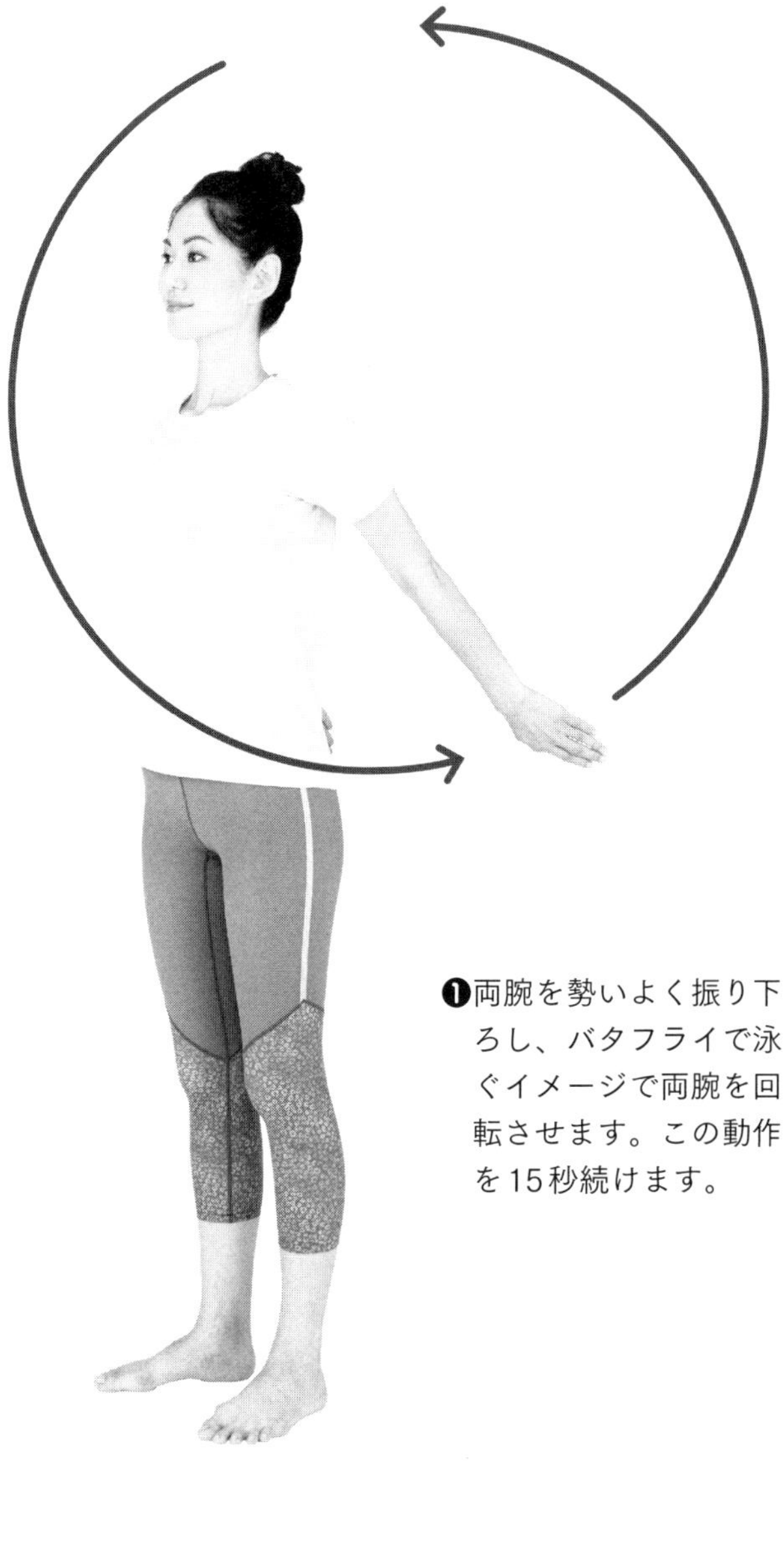

❶両腕を勢いよく振り下ろし、バタフライで泳ぐイメージで両腕を回転させます。この動作を15秒続けます。

かんたんストレッチ❼

クロール

背中の大きな筋肉である僧帽筋《そうぼうきん》をほぐすと全身の代謝が向上します。

❶背筋を伸ばして右手を上、左手を下にして立ちます。

❷そのまま右手を前に、左手をうしろにゆっくりと回転させます。交互に回す動作を15秒続けます。

かんたんストレッチ❽

スネーク

首から肩甲骨、骨盤、股関節、足の先までをしなやかに動かすと、血液とリンパの流れが良化。

❶両足を肩幅程度に開いて立ち、両腕を上げて手のひらを合わせ、腰は左に、胸は右に大きくずらします。

❷同様に、腰を右、胸を左に大きくずらしてこの動作を繰り返し、体全体をヘビのようにくねらせます。この動作を15秒続けます。

かんたんストレッチ❾

顔ツボ・太陽

肩や肩甲骨まわりのストレッチとともに、眼精疲労に効果がある顔ツボ・太陽を指圧します。

❶こめかみのくぼみにある顔ツボ・太陽を10秒指圧します。

かんたんストレッチ⑩

足の裏

腎機能を高めるツボが集中している足の裏を刺激すると、肌の再生力が向上します。

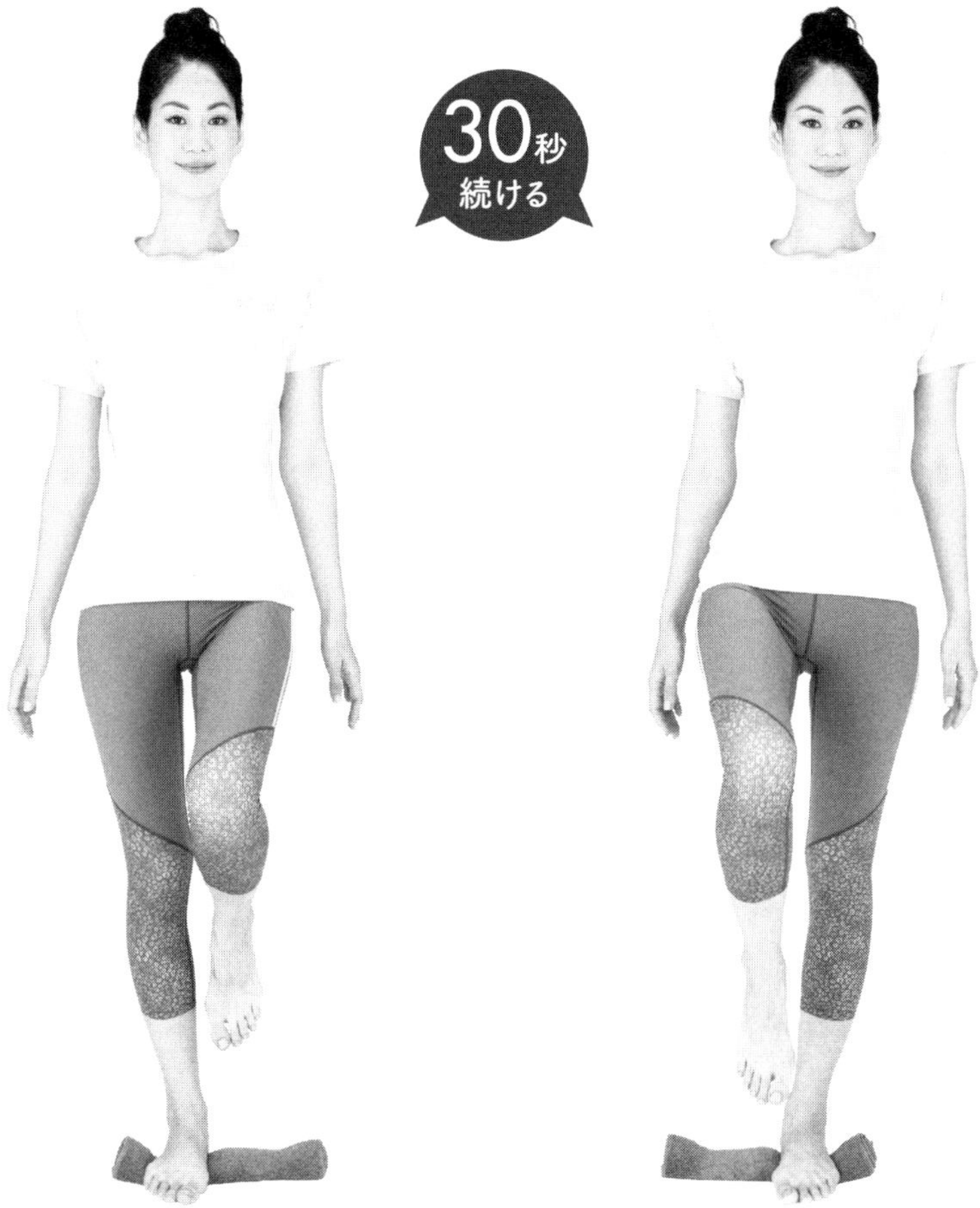

❶丸めたタオルを床に敷いて足踏みを30秒続けます。

足裏美人は肌美人?!

皮膚の再生と免疫機能を促すのは、腎臓の上にある副腎皮質から産生《さんせい》される副腎皮質ホルモンです。このホルモンの分泌が阻害されると肌のバリア機能が低下し、肌荒れやアレルギー反応を引き起こすと言われています。

また、充分な水分と皮脂を保つためには、血液をきれいにする腎臓のメンテナンスが大切です。

東洋医学では、足の裏と、頭皮・顔や首の皮膚は「対」の関係にあると考えられています。足の裏の皮膚も、頭皮・顔や首の皮膚も新陳代謝が活発なので、傷ややけどを負ったとしても体の他の部位より治りが早いうえ、足の裏がきれいな女性は、肌もきれいだと言われています。

首やその他の部位の肌の調子が良くないと感じたら、足の裏の皮膚がカサついたり荒れたりしていないか、一度確認してみましょう。足の裏の皮膚がトラブルを抱えているようであれば、保湿クリームなどでしっかりケアすることで、顔や首の皮膚にも良い影響が現れるでしょう。

PART 3

首の「シワ」「たるみ」を予防・改善する毎日の習慣

首を美しく保つには「生活習慣の見直し」が大切

✤首の老化が加速しているときは要注意です

加齢とともに生じてくる首の「シワ」や「たるみ」は、PART2で紹介したストレッチやエクササイズによって、予防・改善が期待できます。

しかし一方で、同年代の人とくらべて、かなり早い時期から首にシワが出てきたり、首のシワが多かったりする場合は、その背景に必ず何らかの理由があります。特に東洋医学では、「五臓六腑《ごぞうろっぷ》」（東洋医学独自の内臓の総称：84ページ参照）のバランスが崩れているひとつのサインととらえます。

たとえば、健康そうに見える人でも、実は食べすぎて肥満気味になっていたり、夜遅くまでスマートフォンやタブレットに夢中になって寝不足が続いていたり、あるいは過度の飲酒・喫煙習慣なども、五臓六腑に負担をかけます。生活習慣をそのまま改善しなければいずれ病気になり、健康寿命を縮めることにもなりかねません。

✤首のシワは体からの危険信号?!

首のシワが目立ってきても、「年《とし》だから仕方がない」「自分は自然のままでいい」と言って、放っておく方も結構いらっしゃいます。

基本的には、その人の考え方、生き方を尊重したいと思いますが、首のシワやたるみが、単に美容的な問題だけでなく、体が発信している何らかのサインであるととらえると、そのまま放っておくことはできません。

運動不足で筋肉が衰えている？　食事で栄養素を充分に摂れていない？　きちんと眠れている？　生活リズムが乱れていない？　など、首のシワやたるみが目立ってきたことをきっかけに、みなさんの生活習慣を振り返ってみることが大切です。

体がその都度発信しているサインをしっかりと捕捉して対処することが、健康の維持・増進の基本であり、全身の皮膚の活性化、ひいては「首の美しさ」にもつながっていきます。

本パートでは、体の健康を保ち、首の美しさを維持するための生活習慣を紹介していきます。

「反射区マッサージ」で「首美人」に

東洋医学で首にアプローチしてみましょう

東洋医学の治療法には、「標治法《ひょうちほう》」と「本治法《ほんちほう》」の2つがあります。

標治法は、西洋医学と同じように、腰が痛いときは腰の治療を、ひざが痛いときはひざの治療を行なうというものです。

これに対して本治法とは、症状の出ている部位を直接治療するのではなく、「五臓六腑」（84ページ参照）のバランスを整えることで、体の根本から症状を改善する治療法を指します。

美容の面でも、首にシワやたるみが出ているということは、首だけの問題ではなく、五臓六腑のバランスが悪くなっていると考えます。そして、まずは五臓六腑のバランスを本治法で回復し、そのあとで首のシワやたるみに対して標治法で直接アプローチしていく――これが理想的な方法です。

「ツボ」より「反射区」のほうがわかりやすい

五臓六腑に働きかける方法としては、「ツボ指圧」がよく知られています。しかし、ツボはポイントが比較的小さいので、正確にセルフケアを行なうのは、なかなか難しいのが事実。そこでおすすめしたいのが「反射区《ゾーン》マッサージ」です。

反射区とは、体の各組織や内臓につながる末梢神経が集まっている領域のことです。反射区は刺激する範囲が比較的広いので、ツボよりも簡単に行なうことができます。反射区マッサージの基本は、次の4つです。

反射区マッサージの基本

①もむ　反射区を手のひらや指でつかんでもみほぐします。

②さする　首のようなデリケートな部位は、手のひらでやさしくさすります。

③押す　反射区に手のひらや指先を当てて、気持ちいい程度に圧をかけます。

④たたく　手が届きにくい部位や範囲の広い部位は、こぶしや手のひらで軽くたたきます。

いずれの場合も、「気持ちいい」と感じるくらいがちょうどよい目安です。仕事や家事の合間に簡単にできるので、習慣化してください。

たとえば1日3回、時間を決めて行なうようにすると、忘れずに毎日続けられるでしょう。行なうべき時間帯に特に決まりはありませんが、食事の直後や入浴前、あるいはお酒を飲んだあと、また、高熱が出ていたり体調がすぐれなかったりするときは控えましょう。

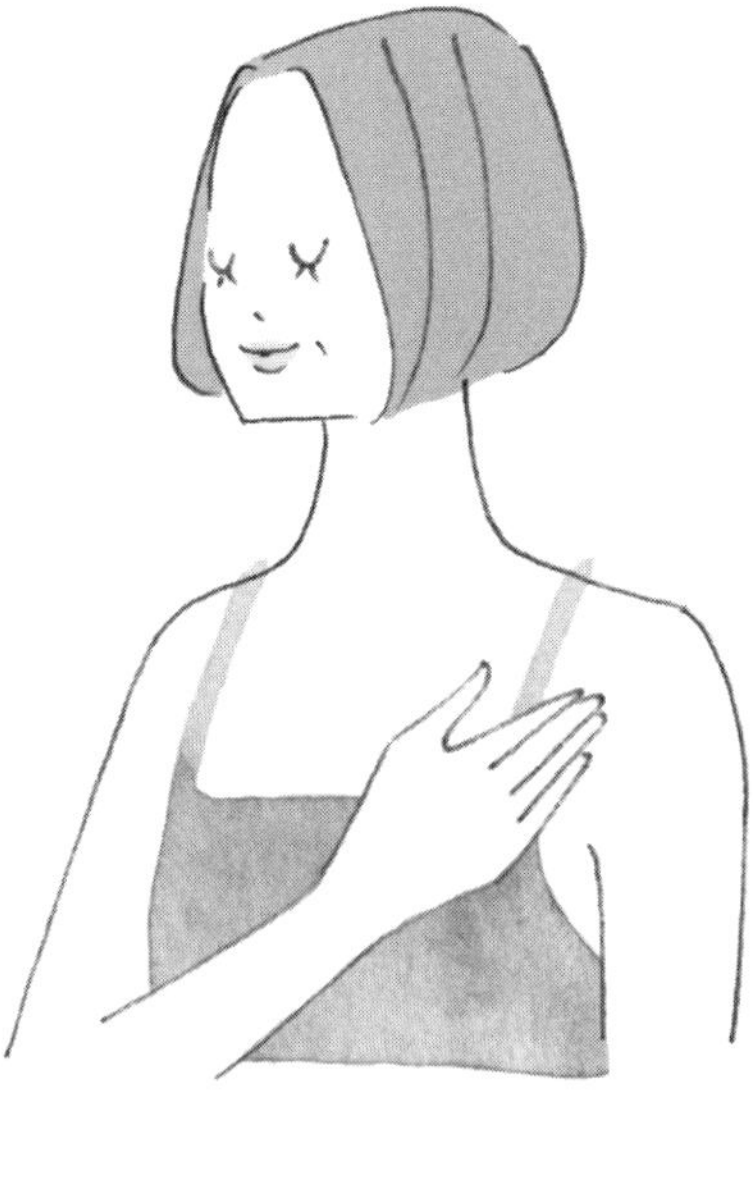

首のシワ解消 反射区マッサージ

❶「肺」の反射区を右手でさすります。水分の流れを改善します。反対側も同様に。

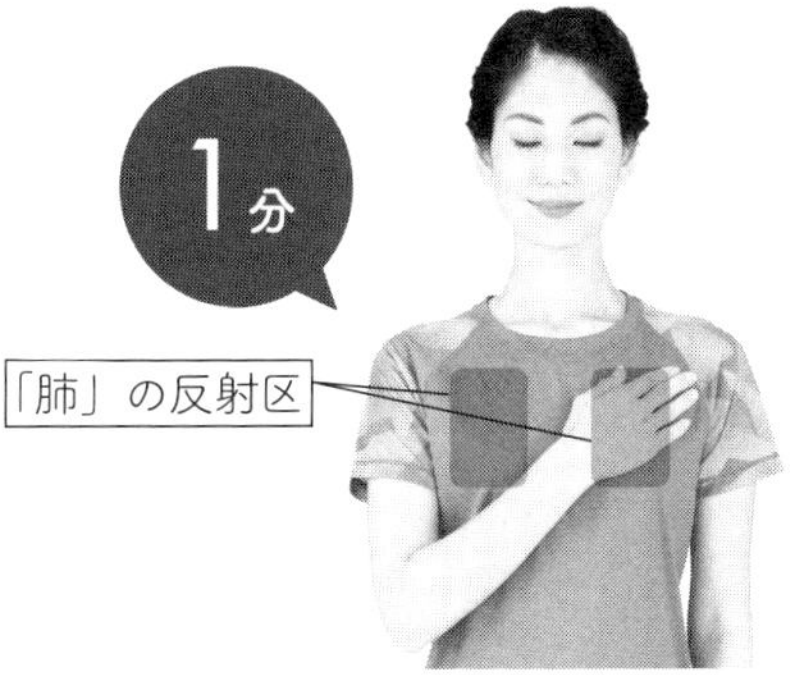

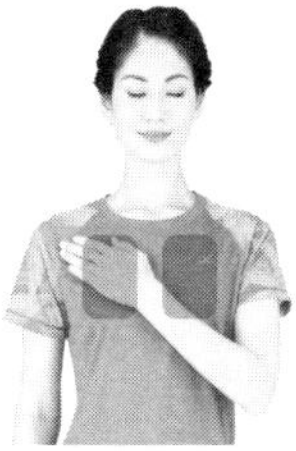

❷「膵」の反射区を右手でさすります。筋肉の衰えを抑制します。

❸「胃」の反射区もさするとさらに効果的です。

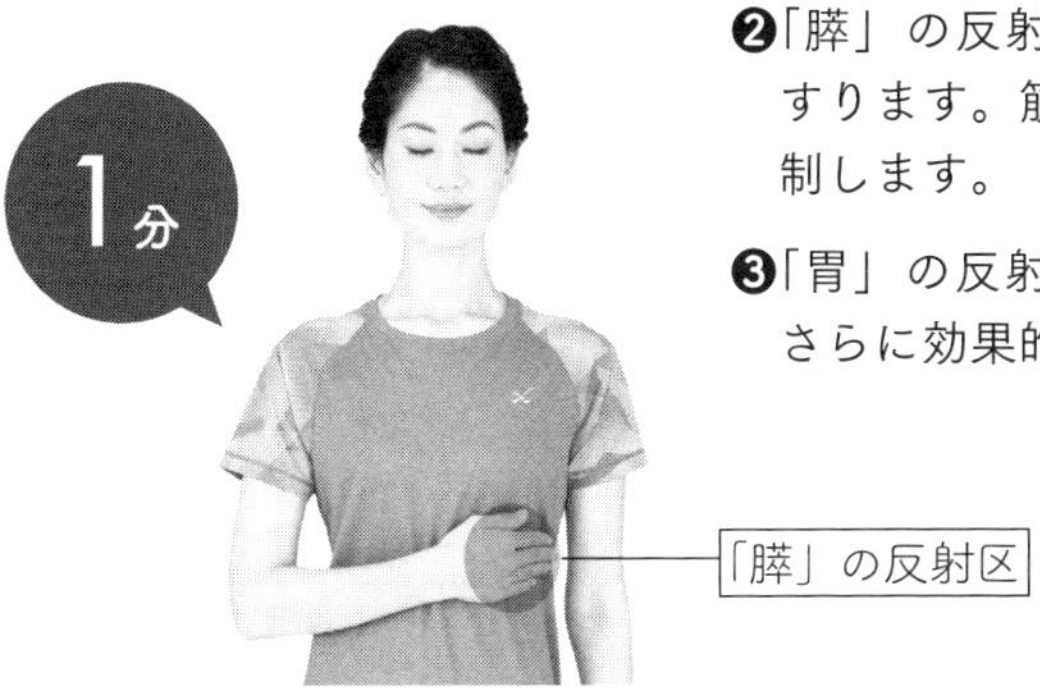

❹「首」の反射区を左右の指先で温めるようにさすります。首は皮膚が弱いので強い刺激を与えないように注意してください。

首のたるみ解消 反射区マッサージ

❶「膵」の反射区を右手でさすります。筋肉にハリが出て血行がよくなり、たるみが改善されます。

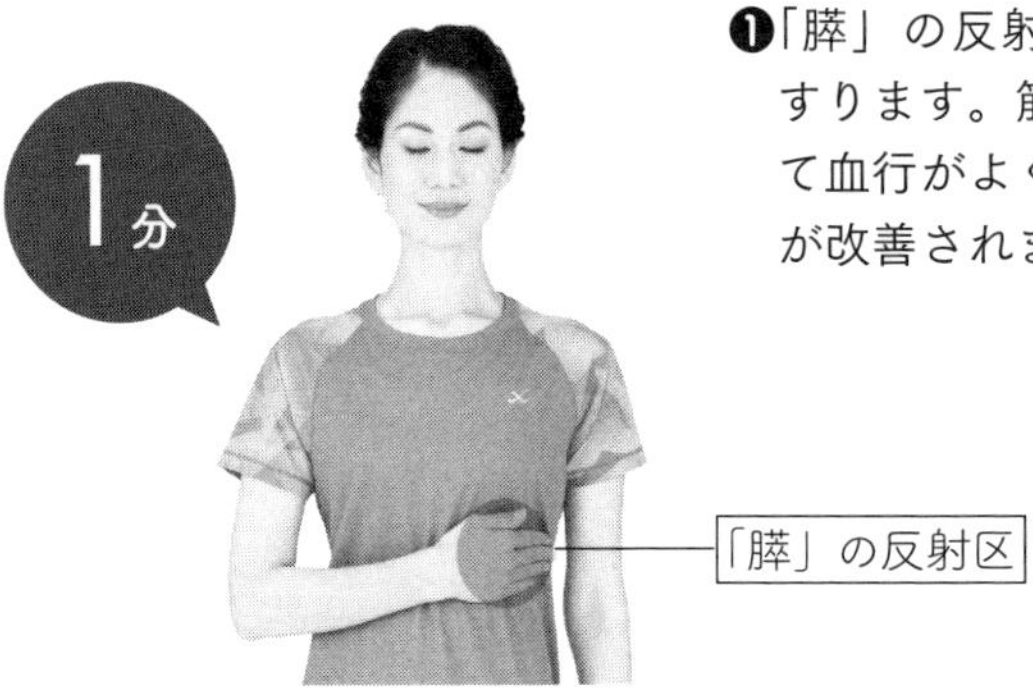

❷「胃」の反射区もさするとさらに効果的です。

❸「首」の反射区を左右の指先で温めるようにさすります。首は皮膚が弱いので強い刺激を与えないように注意してください。

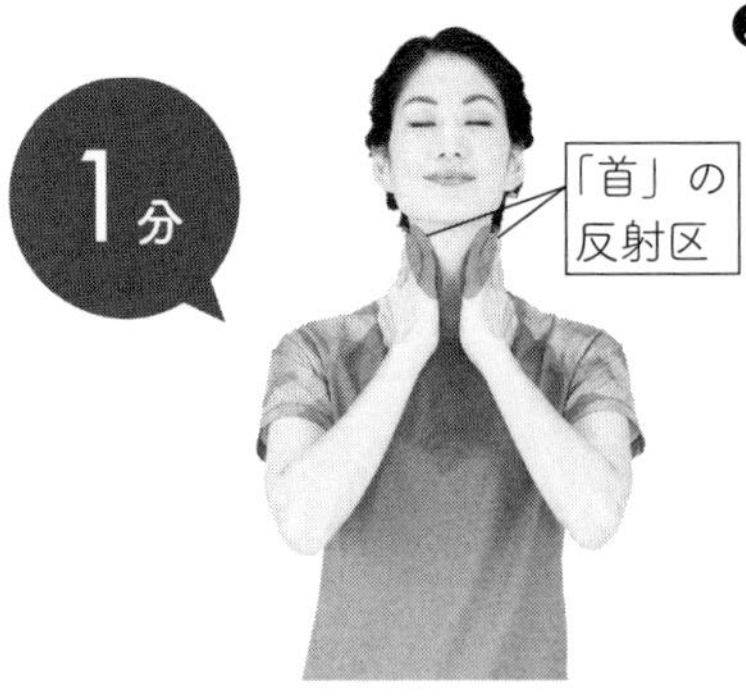

首のむくみ解消 反射区マッサージ

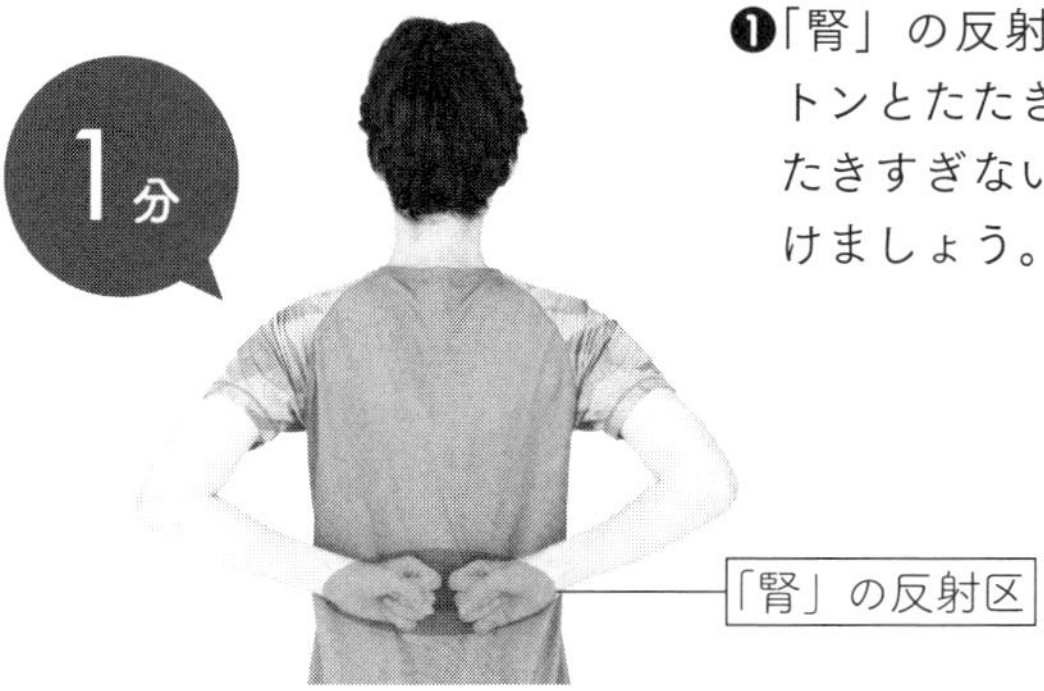

❶「腎」の反射区を軽くトントンとたたきます。強くたたきすぎないように気をつけましょう。

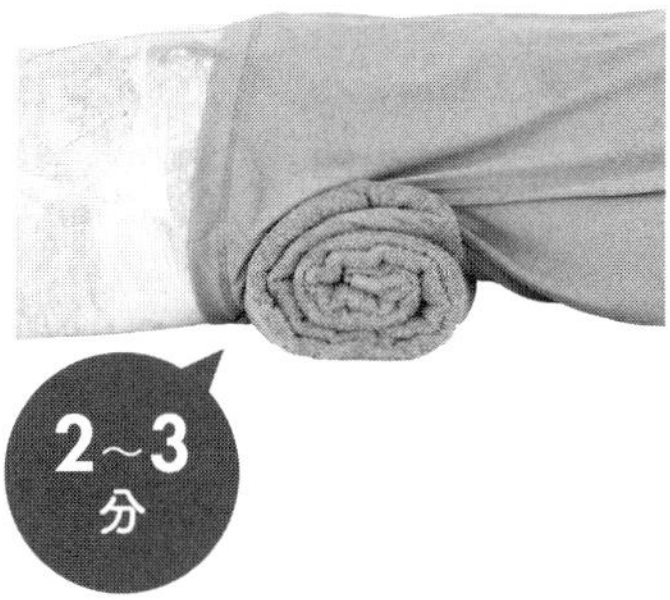

❷丸めたタオルや枕のうえに寝そべって刺激を与えるのも効果的です。

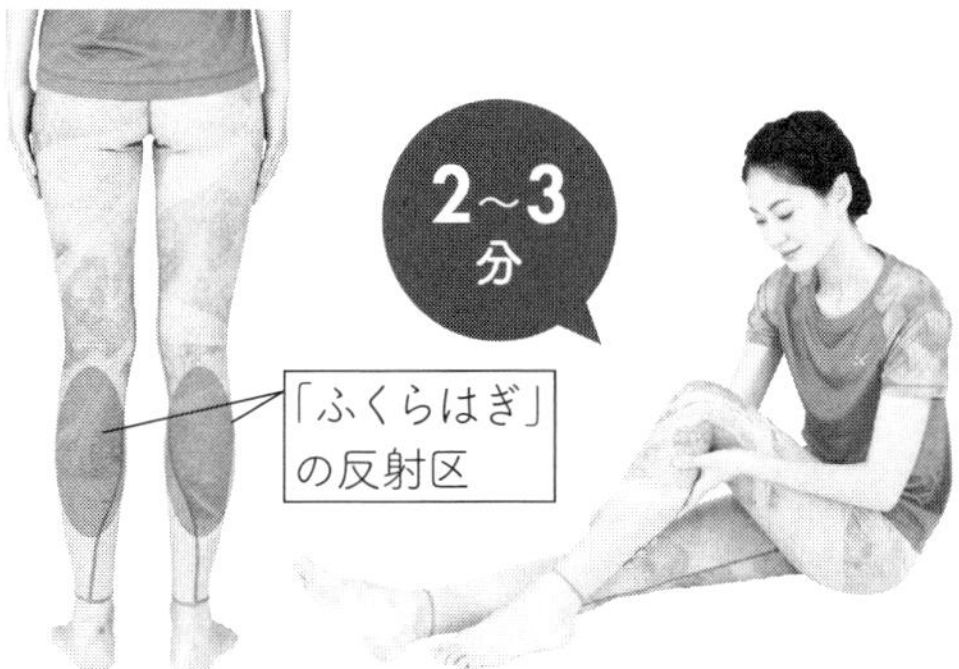

❸「ふくらはぎ」の反射区全体を手でもんでほぐします。足に溜まっている水分を流れさせるので念入りに。

五臓六腑《ごぞうろっぷ》とは

「五臓六腑に染み渡る」とは、飲んだものなどが内臓全体に染み込んでいくさま、染み込んでいくように感じられるほど美味しいもの、渇望するものであったさまなどを意味する言葉で、みなさんも日常会話などで耳にしたことがあるでしょう。

そもそも五臓六腑とは、中国の伝統医学（中医学・漢方のこと）で、人の内臓を表す用語です。五臓は「肝《かん》・心《しん》・脾《ひ》・肺《はい》・腎《じん》」を指し、六腑は「胆《たん》・小腸《しょうちょう》・胃《い》・大《だい》腸《ちょう》・膀胱《ぼうこう》・三焦《さんしょう》」を指します。

五臓と六腑のうち、皮膚の老化（首のシワやたるみ）に特に関係の深いのは、五臓のほうです。

「肝」は血液のめぐりを、「心」は精神を、「脾」は消化管の働きを、「肺」は呼吸機能を、「腎」は生命力全般を担うと考えられています。

これらの臓器が互いに影響し合って生命活動は保持されており、五臓のバランスを常に良好に保つことが、健康増進と美容促進の基本であると、東洋医学では考えられています。

首の衰えを感じたら「睡眠」の見直しを

✤寝不足の代償は首にはっきり現れます

首のシワやたるみを予防・改善するには、睡眠を充分にとることも大切です。睡眠中に分泌される成長ホルモンは、子どもの発育を促すだけでなく、成人の体組織のダメージを修復・再生する働きもあります。1日の生活で疲れた首の皮膚のリフレッシュにも欠かせないホルモンです。

寝不足が続くと、顔の肌荒れやくすみ、化粧ののりが悪くなることを経験した方は多いことでしょう。その背景には、睡眠中に成長ホルモンによる皮膚の修復・再生が充分にできていないことがあります。首のシワやたるみも同様です。

30歳を超えると成長ホルモンの分泌量は減ると言われています。そうなると、寝不足による首の衰えが、より顕著になります。

成長ホルモンとメラトニンの分泌がカギを握ります

成長ホルモンの分泌は22時から翌2時頃にピークを迎えると言われています。この時間帯に眠っていない人は、成長ホルモンの恩恵を受けられず、睡眠の質が悪くなります。朝目覚めたときから体がだるい、疲れているというような人は、睡眠習慣を見直す必要があります。また、成長ホルモンの分泌を促し、眠りの質をよくするには、睡眠中に分泌されるメラトニンというホルモンの働きも不可欠です。

メラトニンは生体リズムを調整する働きがあり、太陽が沈んで暗くなる時間帯から分泌量が増えはじめ、体温や脈拍、血圧を少しずつ下げて眠りに入る準備を整え、睡眠と覚醒のリズムを調整し、質のよい眠りを維持・調節する役割を果たしています。

メラトニンの分泌を適切に保つには、就寝の少し前から部屋を暗くし、眠るときは必ず照明を消すことが大切です。眠る直前までスマートフォンやタブレットを使っていたり、明かりをつけたまま眠ってしまったりすることは、おすすめできません。

そのほか、成長ホルモンとメラトニンの分泌を高めるには、食生活や運動、睡眠環境などを整えることも大切です。

睡眠導入剤に頼らない体に改善

眠れないからといって、睡眠導入剤を服用している方も結構いらっしゃると思います。たしかに睡眠導入剤を飲むと一定の時間は眠れますので、自分では充分に眠っている気分になります。しかし、これは大きな誤解です。

薬に頼らないと眠れないのは、心身に何らかの不調をきたしている証拠です。

東洋医学では、脾臓《ひぞう》が弱ると寝つきが悪くなり、肝臓が弱ると眠りが浅くなり、腎臓が弱ると睡眠時間が少なくなると考えます。五臓（84ページ参照）のバランスの乱れが、眠りの質を悪くするわけです。

そうしたときに睡眠導入剤を飲む習慣をつけてしまうと、バランスが崩れている五臓にさらに負担がかかり、ますます眠れない体になってしまいます。

ただ眠ればよいわけではなく、まずはしっかりと眠れる体に改善して、「質のよい眠り」を回復することが大切です。

なかなか眠れないという人は、103ページで紹介する「首を温めるホットタオルの簡単ケア」を試してみてください。

枕選びのポイント

✣自分の枕をチェックしてみましょう

良質の睡眠を得るには、自分に合った枕を使うことが、大事なポイントです。枕が合っていないと、睡眠の質が低下するとともに、首にシワやたるみを生じさせる直接の要因にもなります。枕を選ぶときは、次の3つをチェックしましょう。

①高さ

後頭部と首、肩にそれぞれ「2.5：1：1.2」の割合で圧がかかる高さが理想と言われています。女性であれば首の当たる部分の高さが5〜6センチ、後頭部の部分の高さが3〜4センチ、男性の場合はもう少し高めで、首の部分の高さが7〜8センチ、後頭部の部分の高さが5〜6センチが目安です（個人差があります）。

②大きさ

私たちは就寝中に20回以上も寝返りを打っています。寝返りのたびに頭が枕から落ちるようであれば、良質な睡眠の妨げとなります。40代以上になると寝返りの回数は減りますが、それでも頭3個分の横幅が必要と考えてください。奥行は、首や肩が安定するよう、40センチ以上のものを目安に選ぶとよいでしょう。

③素材（固さ）

首の老化が進んでくると、寝ているときに心地よいと感じる枕の固さが変わってきます。これは頸椎《けいつい》の形状が変化するためです。

枕が柔らかすぎると頭や首の収まりが悪くて不安定になりますし、逆に固すぎる枕だと、血液やリンパ液の流れを滞らせる要因にもなります。後頭部から首にかけてバランスよく圧が分散されるという意味では、「やや固め」を選ぶのがよいようです。

毎日使うものですから、実際に寝る姿勢で使い心地が試せる店舗で購入するのがおすすめです。そういうところには専門のアドバイザーが常駐していることが多いので、自分に合った枕をオーダーメイドするのもひとつの方法です。

「首をきれいに保つ食生活」の基本

✣たんぱく質をしっかり摂りましょう

「首の美しさ」を保つ食生活の基本として、たんぱく質をしっかり摂りたいものです。

皮膚のハリを生み出している真皮の約7割は、線維状のたんぱく質であるコラーゲンで、皮膚の土台となっている筋肉の約8割も、たんぱく質が占めています。

つまり、皮膚の主原料はたんぱく質ですから、皮膚の新陳代謝を活性化するには、良質のたんぱく質を毎日の食生活でしっかり補っていくことが大切です。

たんぱく質の代表的な補給源としては、豚肉・鶏肉・牛肉、魚介類、乳製品、卵などの動物性食品が挙げられます。

一方、植物性食品でも〝畑の肉〟と呼ばれる大豆は、肉類と同等の有効なたんぱく源となります。大豆を原料とした豆腐、納豆、みそ、おからなども同様です。

植物性たんぱく質の豊富な大豆食品は女性の肌の必需品

特に大豆食品には、首のシワやたるみが深刻化しはじめる更年期世代の女性にとって、別の側面からもうれしい効用があります。

女性は閉経すると女性ホルモン（エストロゲン）の分泌が激減し、いわゆる「更年期障害」と呼ばれる不《ふ》定《てい》愁《しゅう》訴《そ》が現れやすくなります。実は大豆には、女性ホルモンと似た働きをする「大豆イソフラボン」と呼ばれる成分が豊富に含まれ、更年期の不定愁訴の予防と改善に効果が期待できるのです。

また、閉経によって女性ホルモンが減少すると、皮膚のコラーゲンや皮脂の分泌量にも影響し、肌の弾力やハリ、潤いが失われやすくなるとも言われています。大豆食品は、そうした皮膚の衰えを防ぐうえでも役に立つと考えられます。

さらに、首の皮膚を若々しく保つには、良質の睡眠が必須と先に述べましたが、たんぱく質は、良質な睡眠に欠かせないメラトニン（86ページ参照）の分泌を充分に保つうえでも大切だと言われています。

「紫外線」から首を守る栄養素

✣体の内側から紫外線の害をシャットアウト

紫外線がシワを生み出すのは、皮膚の中に活性酸素を生み出して、肌のハリを保っているコラーゲンを傷害してしまうためであることは、先に述べたとおりです。

私たちは、太陽光を完全に遮断して生活することはできないので、皮膚の中に活性酸素が発生することはどうしても避けられません。そこで注目されているのが、食品に含まれている抗酸化成分です（次ページ参照）。

抗酸化成分は活性酸素の害を抑える働きが期待でき、身近なところではβ《ベータ》カロテン、ビタミンC、ビタミンEなどがよく知られています。

βカロテンは活性酸素の発生を抑え、取り除く働きがあります。また、βカロテンの一部は体内でビタミンAになりますが、ビタミンAは、活性酸素によってダメージを受けた皮膚細胞の再生を促すうえでも役立ちます。

ビタミンCは、活性酸素の除去に働くとともに、コラーゲンやエラスチンがつくられるのを促進して、肌荒れを改善させる働きもあります。

ビタミンEは抗酸化作用に加え、活性酸素が体の組織を老化させる（過酸化脂質をつくる）のを抑える働きがあります。

代表的な抗酸化成分と、それが豊富な食品

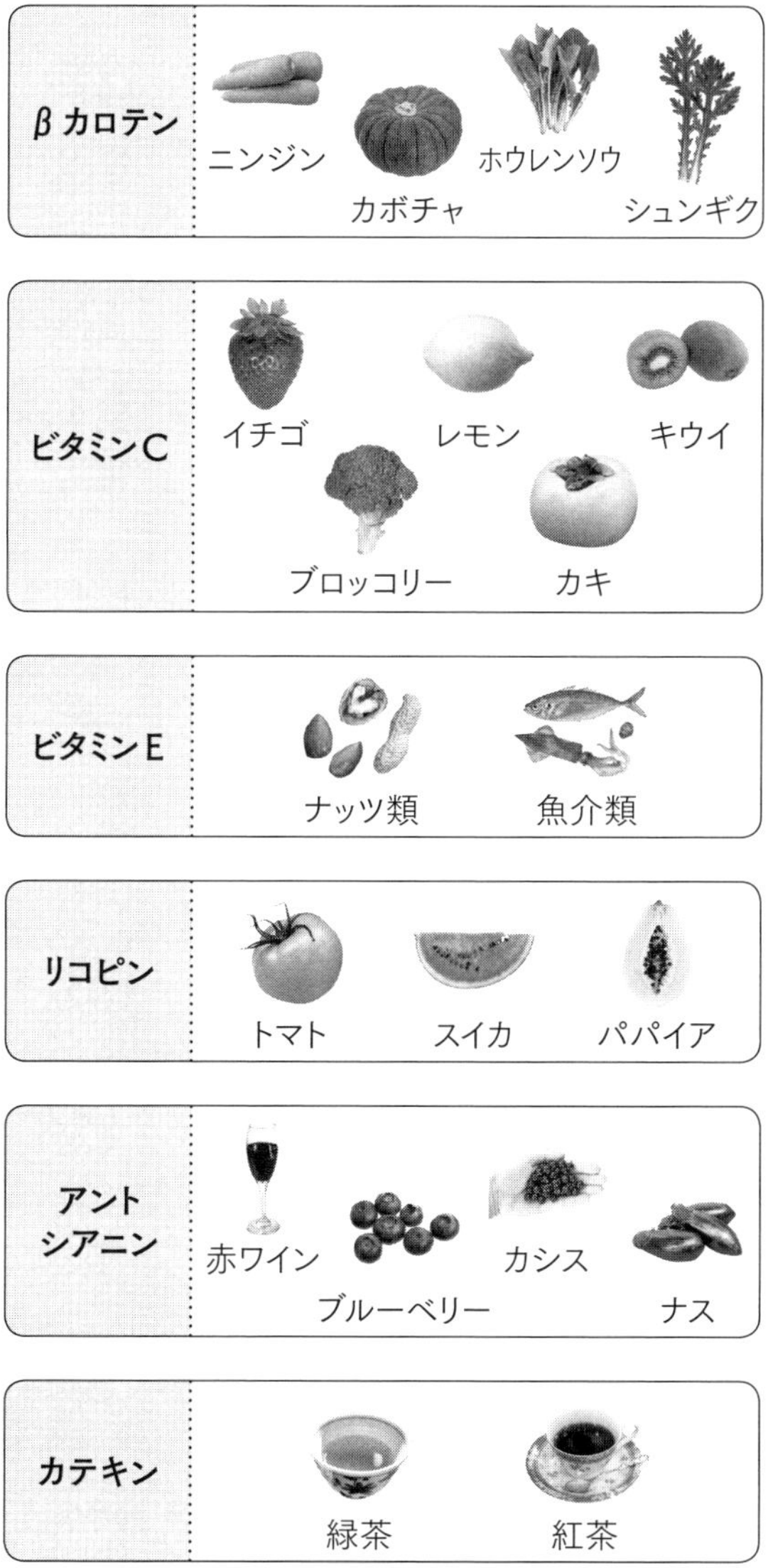

1日の中で「胃腸を休ませる時間」をつくる

✣胃腸に負担をかけると皮膚にも悪影響が出てきます

女優さんやモデルさんの中には、夜の7時以降は何も食べないという方が結構いらっしゃるそうです。ダイエットを目的としていることも多いのでしょうが、実はこれは「美肌づくり」にもとても効果的です。

夜の遅い時間帯に食事を摂らないことは、肌と関係の深い胃腸を休ませることにもなるからです。

昔からよく「健康のためには腹八分目がよい」と言われるように、食べすぎは胃腸に大きな負担をかけます。

いつも胃の中に食べ物が入っていると、それ自体が負担になりますので、1日の中で胃が空っぽになる時間を確保することが大切です。

口内炎は「食べすぎのサイン」です

口内炎ができると、痛くて食べることがつらくなるものですが、これはつまり、体が食べることを拒否しているサインなのです。これ以上、胃の中に食べ物が入ってきたら負担が大きいので、入り口に炎症を起こして食べられないようにしていると考えられます。口内炎を起こして食べられなくなっている間に、胃腸に溜まっているものを処理・排泄《はいせつ》して、胃腸の働きを整え、リセットしようとするわけです。

胃腸をはじめ、口から肛門《こうもん》までつながる消化管は、いわば1本の管になっていて、その内壁（粘膜）が皮膚とつながっています。ですから、胃腸に負担をかけると、てきめんに皮膚に反映されます。便秘になると肌が荒れやすいのは、その典型です。

体がその都度発しているサインをしっかり捕捉して対処することが、健康の維持・増進の基本であり、皮膚の活性化、ひいては「首の美しさ」にもつながってくるのは、先に述べたとおりです。

夜の遅い時間帯に食事を摂らないことは、睡眠の質の向上にも有効です。メラトニンの分泌を正常に保つため、就寝4時間前までには食事を終わらせるのが理想です。

#「ちょっと疲れたな」と感じたときの深呼吸

✦自律神経のバランスと血流が整います

現代人は「呼吸の浅い人」が多いと言われています。通常の呼吸でも、本来の肺機能の一部しか使っていないのですから、呼吸の浅い人は、酸素を取り入れて二酸化酸素を排出するということが、不充分だと考えられます。これでは首だけでなく、全身の老化が進んでしまうと言わざるを得ません。

肺と心臓をしっかりと働かせて呼吸し、皮膚だけでなく全身機能の新陳代謝を活性化するには、1日1回、時間を決めて呼吸法を行なうことをおすすめします。息を吸うときは鼻から吸い、吐くときは口からゆっくり吐き出すことが基本です。

それが難しい方は、「ちょっと疲れたな」と感じたときに、胸を張って大きく深呼吸をするだけでも充分です。気がついたときに繰り返すだけで、自律神経のバランスが整い、血液やリンパ液の流れもよくなって、首の老化の抑制にも役立ちます。

乾燥を防ぐスキンケア

✣「小ジワ」を軽視すると後悔します

肌の乾燥は、「小ジワ」をつくり出す元凶です。乾燥による小ジワは、いとも簡単に刻まれてしまいます。

たとえば、私の治療院に勤めていた20代の女性スタッフが、漢方の勉強をするために中国に留学したときのこと。その留学先が非常に乾燥している地域で、わずか1カ月の滞在期間中に顔と首に小ジワが増え、本人はもとより、私たち周囲の人間も驚いたことがありました。

小ジワが増えるというのは、皮膚の老化が急速に進んだことを意味します。

普段から肌のお手入れをしっかり行なっている女性でしたが、日本のような湿度の高いところと乾燥の激しい地域とでは、スキンケアの方法も変えないと、わずかな期間でも小ジワが一気に増えることがあるということを痛感した出来事でした。

おすすめの天然素材

日本にいても、ずっと室内でエアコンの風に当たっているような生活を送っていると、皮膚の水分がどんどん失われてしまいます。だからといって夏季の暑い日に外出し、首もとに汗をかくと、汗の蒸発とともに皮膚は乾燥してしまいます。

ですから、環境や気候による乾燥は、ある程度は仕方がないものと考え、毎日のスキンケアでしっかり保湿することが大切です。

洗顔後や入浴後に顔のお手入れをするときは、必ず首も同じようにケアします。顔の「ついで」ではなく、顔と同じようにしっかりケアする意識を持ちましょう。

肌の乾燥を防ぐためには、肌に負担の少ない天然の素材でつくられた基礎化粧品を上手に選んで使用するようにします。保湿効果の高い天然素材の化粧水としては、これまでの経験からハトムギの化粧水が、私のいちばんのおすすめです。

「馬油《バーユ》」を併せて使えば、鬼に金棒です。馬油は馬の皮下脂肪から得られる油脂ですが、動物性でありながら植物性に近い性質があります。皮膚のトラブル全般に使用でき、どの部位にも使えることから、私は馬油を「皮膚の万能薬」と呼んでいます。

「紫外線対策」は首のシワやたるみを防ぐ基本

ファッションを楽しみながら紫外線対策を行なうのがコツ

太陽からの紫外線は、首のシワやたるみの重大な引き金となることは、先に述べたとおりです。紫外線から首を守るには、体の内外から、しっかりとした対策を講じる必要があります。

体の外側からの対策としてはまず、紫外線をできるだけ浴びないようにすることが大切です。外出する際は、首までカバーできるタイプの帽子や日傘が必須。さらにUVカット効果のあるストールなどを首に巻けば、紫外線からかなり防御できます。

近年は紫外線の弊害が注目されていることから、さまざまなタイプの日傘や帽子、ストールなどが市販されています。ファッショナブルなものもたくさんありますから、「今日はこの組み合わせで出かけよう」といった感じで、おしゃれを楽しみながら紫外線対策を行なうと、しっかり習慣化するでしょう。

「姿勢の美しい人」は首も若々しい

エステに通うより姿勢を正す努力が先決です

首がきれいな人は、例外なく姿勢が美しいという共通点があります。モデルさんや女優さんはその代表です。

もちろん、モデルさんや女優さんは、日頃からエステティックサロンなどに通って、プロのケアを受けていることでしょう。しかし、仮にプロのエステティシャンにケアしてもらっていても、いつも背中を丸めてうつむいた前傾姿勢で過ごしていたら、首のよこジワやたるみは生じてしまうと思うのです。

首のシワやたるみを防ぐには、自ら姿勢を正す努力を欠かさない——逆に言うと、美しい姿勢を常に意識することで、高価なエステティックサロンに通わなくても、首のシワやたるみは、しっかり予防・改善できるということです。

スマホやパソコンは顔の高さに調整します

姿勢のチェック法については、19ページで紹介しました。前傾姿勢のストレートネックになっている場合は、正しい姿勢を保つことを心がけましょう。

まずは顔を正面に向け、胸を開いて肩を後ろへ引き、おなかに力を入れます。そうすると、猫背は改善され、首も適切に伸びて、首の前面の蛇腹状のよこジワやたるみは解消されるはずです。

スマートフォン（スマホ）やタブレットを使うときも、できるだけ顔の高さ（水平）にスマホを持ち、なるべくうつむかないようにします。「寝ながらスマホ」をやめるだけでも、首への負担はかなり減ります（20ページ参照）。

仕事などでパソコンを使っている人は、視線がなるべく水平になるようにモニターの位置を調整するとともに、定期的に休憩をとるようにし、PART2で紹介したストレッチやエクササイズを行なうようにします。

美しい姿勢は、首のシワやたるみだけでなく、容姿全体も心も若く美しくします。ぜひ実践してください。

「首を温める」ことも皮膚の老化抑制に有効

✤「首の冷え」は皮膚の衰えを加速します

首は脂肪がつきにくく、外気にさらされる機会も多いため冷えやすいことも、皮膚が衰えやすいことの一因となります。

首が冷えると筋肉がこわばって固くなり、血液やリンパ液の流れが滞りやすくなります。さらに、自律神経のバランスも乱れて、これも血流を悪くします。そうした状態を放置すると皮膚の新陳代謝が低下し、老化を早めてしまいます。

乾燥しやすい冬の時期はもちろんのこと、盛夏でも無意識のうちにエアコンなどで首が冷え切っている方がたくさんいます。首や肩のこりに悩んでいる方は、首が冷えている可能性が高く、皮膚の老化も深刻です。

秋や冬の寒いシーズンは、マフラーやストールで首を保温し、帰宅後はホットタオルなどを使って温めるなどの簡単ケアがおすすめです。

簡単ケア

ホットタオルで首を温めましょう

ホットタオルのつくり方

❶適度に水で濡《ぬ》らしたタオルを絞る（絞りすぎも、絞りが足りないのも不可）。

❷耐熱性の密封袋（ラップフィルムでも可）にタオルを入れ電子レンジで1分程度温める。

やけどに注意！

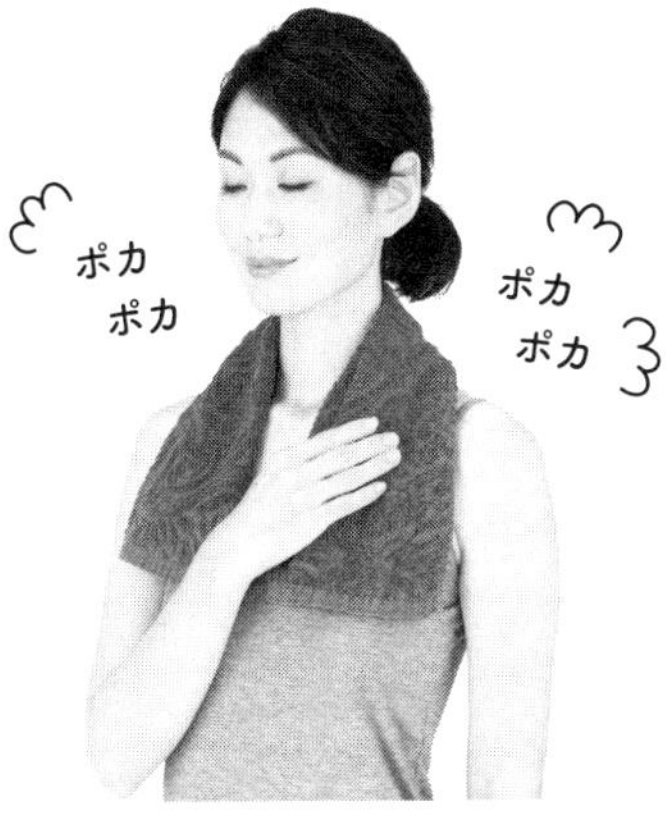

☞タオルの温度が約40℃になるように調節し、首に巻いて温めます。タオルが長ければ首全体を覆っても可。

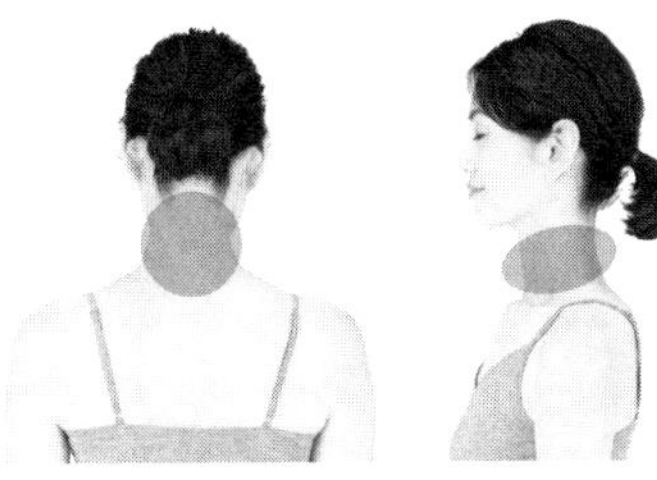

温めるのはココ！

首のうしろ、特に生え際のあたりと、頸動脈が通っている側面をしっかり温めましょう。

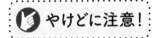

半身浴で首を温める

首を温めるには、半身浴もおすすめです。首を温めるというと、熱めのお湯に首までどっぷりつかったほうが温まる気がしますが、心臓に負担をかけずに体の芯まで温めるには、半身浴が適しています。

冬の寒い時期に半身浴をするときは、首を含めて上半身が冷えないよう、温めたタオルを首にかけたり、入浴の直前に熱めのシャワーなどで浴室内を温めたりしておくとよいでしょう。

首を温めるとリラックスして副交感神経が優位になり、日中の活動で交感神経が優位になりがちだった自律神経のバランスが整います。

自律神経は、体の働きを活発にする交感神経と、体を休息させる方向に働く副交感神経の2つのバランスで成り立っていますが、首は自律神経の中枢のすぐ下に位置するため、首を温めると副交感神経が活性化されて心身がリラックスし、質の良い眠りを得るためにも効果的です。

ストレスと「上手につきあう」

ストレスは自律神経のバランスを乱します

首や肩のこり、腰痛を訴えて、私の治療院を訪れる方のお話を聞いていると、仕事や家庭でストレスを抱えている場合がほとんどです。そうした方たちは、たいてい首のシワやたるみにも悩んでおられます。

ストレスは、自律神経のバランスを乱す最大の原因と言えます。自律神経のバランスが崩れると、前項で説明したように血管が収縮して血液のめぐりが悪くなります。これだけでも皮膚にとっては大きなダメージですが、血流が悪くなると疲労物質が溜まって筋肉が硬直します。その結果、首や肩のこり、腰痛、さらには首のシワが現れてくるわけです。

ストレスの多い現代社会で首のシワとたるみを防ぐうえでも、前項で紹介した、首を温める「ホットタオルの簡単ケア」はとても有効です。

首のシワ・たるみを寄せつけない生活習慣

①汗のケアをしっかりと

首に汗をかいたときは、こまめに拭き取ります。このとき、硬い素材のタオルで強くこすると皮膚にダメージを与えるので注意してください。できれば天然素材の柔らかいタオルで、やさしく押さえるように拭き取りましょう。

汗には老廃物が含まれていますので、帰宅後は入浴してきれいに洗い流し、そのあと、首が乾燥しないように保湿のためのクリームや美容液でしっかりケアします。

②ショルダーバッグよりリュックサックでお出かけ

特に女性は外出する際、ショルダーバッグを持って出かけることが多いと思います。このとき、いつも同じほうの手や肩でバッグを持っていると、首（頸椎《けいつい》）の片側にばかり負担がかかり、それが首の皮膚の老化にもつながります。

バッグを持つときは左右交互に持つことを意識すると、首の負担も軽くなり、姿勢のバランスもよくなります。できればバッグではなく、リュックサックを背負うようにすると、荷重が左右均等に分散されるため、姿勢が偏らず、首の負担も軽減できます。

③タバコは厳禁

喫煙習慣のある方は、禁煙しない限り、首のマッサージやエクササイズをいくらがんばっても成果は得られないと考えてください。紙タバコのほか、電子タバコでも同じことです。

東洋医学では、肺と皮膚は密接に関係していると考えられていて、肺が健全な人は皮膚がきれいだと言われています。ですから、首のシワやたるみを予防・改善するのであれば、禁煙することが必須です。

喫煙は皮膚の老化を促すだけでなく、全身の健康を害する最悪の因子です。タバコの煙で一度傷害された肺は、二度と元には戻りません。受動喫煙の問題など、被害は周囲にも及びますので、すみやかに禁煙しましょう。

④体を定期的に動かす

職場では座りっぱなし、自宅でもソファに横になっていることが多いような過ごし方だと筋肉や関節が固くなって、首の血流やリンパ液の流れが悪くなります。立ち仕事の中でも、移動することなく同じ場所に立ちっぱなしのような業務であれば同様です。

休憩時間やトイレタイムのときに、ＰＡＲＴ２で紹介したストレッチやエクササイズを行ない、筋肉と関節を柔軟に保つことが、首の老化予防にも役立ちます。

おわりに

街を歩いていると、顔にはハリとツヤがあって若々しいのに、首は浅黒く乾燥してシワシワ……、という女性を見かけることがよくあります。年齢はさまざまですが、みなさん同じように猫背で、前かがみの姿勢で歩いています。

私は思わず、こう声をかけたくなります。

「ちょっとだけ意識して背筋を伸ばし、首の簡単なケアを行なえば、あなたはもっともっと美しく輝けますよ！」

本当にもったいないな、と思うのです。残念だなと思うのです。

首は、もっとも年齢が現れやすいところだとよく言われます。だからこそ、もっと大切に、丁寧にケアしていただきたいのです。

加えて、首のシワは美容だけの問題ではなく、本文でお話ししたように心身の健康状態を表すひとつの指標でもあります。

もともと首はとてもデリケートな部位で、東洋医学では「むやみに刺激をしてはいけない」とされています。鍼灸《しんきゅう》の施術を行なう際のツボも、首には最小限しか存在しません。ツボが少ないのではなく、繊細な部位なので、あえて最小限に設定しているのです。そのようなデリケートな部位にもかかわらず、重い頭部を支えながら、絶えず動かすことを余儀なくされています。これでは、シワやたるみが生じやすいのも当然です。繰り返しますが、だからこそ、もっともっと大切に、丁寧に首をケアしていただきたいのです。

首のシワやたるみは、意識してケアをすれば、いくつになっても予防・改善できます。本書では、その実現に役立つ簡単なストレッチやエクササイズと生活習慣を紹介しました。

「首美人」は、真の健康的な美人です。街中で、もっとたくさんの首美人に出会えることを楽しみにしています。

福辻鋭記

[参考文献]

『さする・もむ！ 病気がわかる・効く！ 福辻式反射区《ゾーン》の地図帳』福辻鋭記（永岡書店）、『首を温めるだけで不調が消える』福辻鋭記（ヴィレッジブックス）、『首こりは治る！』福辻鋭記（自由国民社）、『Dr. クロワッサン 首＆肩甲骨＆股関節ストレッチ。』監修：福辻鋭記（マガジンハウス）、『馬油の力』監修：福辻鋭記（内外出版社）

＊本書で紹介している手技等は、首のシワ、たるみとその因子を必ずしも根治するものではありません。効果には個人差があります。体に異常を感じたときは、すみやかに中止してください。具体的な症状や治療については、そのつど専門機関にご相談ください。

装幀◉小口翔平＋奈良岡菜摘（tobufune）
装画◉河南好美
本文イラスト◉杉山美奈子
撮影◉羽根 慶（七彩工房）
ヘアメイク◉岸佳代子（MIX）
スタイリング◉岡本佳織（七彩工房）
モデル◉飯田紘子（モデルス）
衣装協力◉ワコール　https://www.wacoal.jp/
本文組版◉朝日メディアインターナショナル
編集協力◉小林みゆき

〈著者紹介〉

福辻鋭記（ふくつじ・としき）

アスカ鍼灸治療院院長。日中治療医学研究会会員。日本東方医学会会員。日本大学芸術学部卒業後、東洋鍼灸専門学校で学び鍼灸師となる。東洋医学と美容を融合した「美容鍼灸」の第一人者。著書に『首こりは治る！』（自由国民社）、『腰・ひざ・首・肩が痛いなら まずはねこ背を治しなさい』（KADOKAWA）、『体が整うツボの解剖図鑑』（エクスナレッジ）、『究極の骨盤リセット・ストレッチ』（日本文芸社）、『つらいひざの痛みをやわらげる１日１分！ 筋肉はがし』（PHP研究所）など多数。

「老《ふ》け首《くび》」解消！

気になる首のシワ・たるみはこうして改善する

2020年10月８日　第１版第１刷発行
2021年２月16日　第１版第２刷発行

著　者　福辻鋭記
発行者　櫛原吉男
発行所　株式会社PHP研究所
京都本部　〒601-8411　京都市南区西九条北ノ内町11
〔内容のお問い合わせは〕教 育 出 版 部 ☎075-681-8732
〔購入のお問い合わせは〕普及グループ ☎075-681-8554
印刷所　凸版印刷株式会社

ISBN978-4-569-84794-8